Handling risk assessment and response in
social insurance agencies

社会保险经办风险
评估及应对

经济管理出版社
ECONOMY & MANAGEMENT PUBLISHING HOUSE

《社会保险经办风险评估及应对》课题组

成　员：

陈廷银　广东省社会保险基金管理局副局长

宋世斌　中山大学岭南学院保险系副教授

　　　　友邦－中山大学精算中心主任

金　燕　广东省社保局稽核内审部主任

刘清溪　广东省社保局稽核内审部副主任

王成海　广东省社保局稽核内审部科长

曾　爽　广东省社保局稽核内审部科长

吴运航　中山大学岭南学院研究生

薛晓君　中山大学岭南学院研究生

顾问：

陈　良　人力资源和社会保障部基金监督司司长

徐延君　人力资源和社会保障部社保中心副主任

戴广义　人力资源和社会保障部社保中心副主任

　　　　中国欧盟社会保障合作项目办公室主任

周　红　人力资源和社会保障部社保中心处长

格雷森·克拉克（Grayson Clake）中欧社保合作项目第一

　　　　部分基金管理国际专家

中国工商银行广东分行

中国建设银行广东分行

序　言

　　社会保险经办系统内控工作的全面推动，始于2007年劳动和社会保障部印发的《关于印发〈社会保险经办机构内部控制暂行办法〉的通知》（劳社部发［2007］2号）。通知下发以来，各地按照部里的统一部署，积极推动经办机构内控工作开展，取得了宝贵的经验。但从总体上看，经办系统内控工作仍处于探索阶段，特别是结合经办工作实际，如何扎实有效地推进内控工作开展，许多重大问题尚未得到破解。

　　广东省社会保险基金管理局在总结全省内控工作经验的基础上，针对本省的实际和工作需要，与科研机构合作组织开展了《社会保险经办风险评估及应对》的课题研究工作。经过两年的努力，课题研究取得了丰硕的成果，达到了预期的目标。该课题的研究弥补了经办机构内部控制建设有关风险管理研究的空白，对推动全系统内控工作的开展必将发挥积极的推动和促进作用。

　　本人认为，该课题研究在以下几个方面取得了重要进展。一是提出了社会保险经办风险的定义，课题研究认为：社会保险经办风险主要体现为在经办过程中，社会保险基金和社会保险数据真实、准确、完整、安全的不确定性。课题研究首次把数据安全和质量问题作为风险管理的主要对象之一，这是对经办管理内控建设规律认识的进一步深化，具有十分重要的现实指导意义。二是提出了经办风险新的识别途径，即从数据项入手寻找经办风险。相对于过去单纯从业务环节和流程入手开展风险识别，无疑也是一种大胆的创新和发展。三是从风险发生频率和危害程度两个维度确定和划分风险等级，也进一步深化了对经办风险的认识，丰富了风险评价标准的内涵。四是提出了风险控制的原则和主要对策，课题研究重点探索了从数据项入手查找风险点的控制办法。提出根据业务数据与社会保险业务的高度关联性，找出与业务数据相对应的社会保险经办业务类型，并对社会保险经办业务类型进行业务流程设计，以此来实现对业务数据的控制和管理。

　　课题研究全面、系统、完整，覆盖了从基本定义、风险识别方法、风险等级评估、经办风险应对和风险防范的保障措施等，体系十分完整。同时课题研究还具有鲜明的实践性特征，着眼于风险管理的实际运用，列举了大量的案例，在给出定义、原则、方法的同时，也把实际操作程序一并展示给读者，因而具有非常强的可操作性。

当然，作为一项新的研究成果，不可能做到尽善尽美、无懈可击。比如将数据项作为风险识别的主要途径，还需要经过实践的检验。特别是风险管理要实现动态化和常态化，简化评估程序，提高评估效率就显得十分迫切。所有这些都需要通过实践和总结给出合理的答案。

无论如何，广东省社会保险基金管理局组织开展的风险管理课题研究意义重大，为全国经办系统内控制度建设做出了有益的贡献。希望这个课题成果能够对全国各地开展风险评估和管理工作发挥重要的参考作用。也希望广东省社会保险基金管理局在推进经办管理科学化、精细化、标准化、专业化等方面取得新的更大的进步。

衷心感谢广东省社会保险基金管理局和课题组的同志们！

徐延君

2011 年 2 月

前　言

　　近年来，随着社会保险参保面的扩大及社会保险基金收支总额的增多，社会保险的社会影响力日益增大，社会保险基金安全性问题引起了人们的高度重视。国家有关部门加大了对社会保险基金风险的宏观控制力度，中华人民共和国人力资源和社会保障部（以下简称"人社部"）社会保险中心在社会保险经办领域分别出台了《社会保险经办机构内部控制暂行办法》、《社会保险经办机构内部控制检查评估暂行办法》，对社会保险经办机构稽核内控部门职能及机构内控制度的建立、执行等提出了评估标准。但对于社会保险经办风险如何定义、评估，目前我国还没有相应的评估标准或办法，属于相对较薄弱的领域。

　　本书主要探讨社会保险经办风险的定义、识别、评估及应对，着重解决现阶段各地社会保险经办机构业务操作流程不统一、社会保险经办风险及风险等级把握不准、社会保险经办风险评估依靠业务熟手经验、评估结果感性因素居多、评估结果理性分析不足的情况，力求制定一个统一、客观的社会保险经办风险等级评估方法，以便准确、客观地评估社会保险经办风险，全面应对社会保险经办风险。

本书借鉴国内外风险评估及控制理论与实践，以社会保险经办流程及社会保险数据项为基础，通过分析影响社会保险经办风险的各种要素，利用定性定量分析，找出较为切合社会保险经办实际的风险等级评估方法，在此基础上从内部控制及保障措施的两个方面对社会保险经办风险提出应对措施，以消除或减少风险因素的危害，使固有风险降低后的剩余风险处于风险容限之内。[①]

---

① 内部控制课程组编著：《企业内部控制基本规范》，北京：立信会计出版社 2008 年版，第 113 页。

目　录

第一章　社会保险经办风险的定义、分类及识别

一、社会保险经办风险的定义

对于风险的定义，不同学者和机构都有各自的描述，其中大多强调风险的负面效应，将风险定义为"发生损失的可能性"。例如，《企业风险管理——整合框架》认为：带来负面影响的事项代表风险。[①] 综合不同学者对风险的定义：风险就是不确定性及其带来的期望值的变动，[②] 具有以下几个特征：第一，结果的不确定性；第二，结果可能是损失，也可能是收益，但令人关注的是

---

① ［美］COSO 制定发布，方红星、王宏译：《企业风险管理——整合框架》，大连：东北财经大学出版社 2005 年版，第 9 页。

② 叶陈刚、郑君彦著：《企业风险评估与控制》，北京：机械工业出版社 2009 年版，第 4 页。

损失；第三，客观存在性，在某种程度上可以用概率论和统计学工具刻画；第四，风险评估的过程受主观因素的影响。

由于社会保险经办机构业务经办的核心是参保人的社会保险权益记录，而权益记录均通过数据体现出来，其目标是确保社会保险数据（数值和字符）的真实、准确、完整、安全。因此，结合风险的定义，社会保险经办风险可定义为：在社会保险经办过程中，社会保险数据真实、准确、完整、安全的不确定性。

二、社会保险经办风险分类

按照产生风险的原因，社会保险经办风险一般可分为以下几类。

1. 操作风险

广义上的操作风险主要参照国际、国内金融系统的定义。巴塞尔银行监管委员会在《巴塞尔新资本协议》中的定义是：操作风险是指由不完善或有问题的内部程序、人员及系统或外部事件所造成的损失风险。[①] 中国银行业监督管理委员会（以下简称"银监会"）在 2005 年 12 月 31 日下发了《商业银行风险监管核心指标（试行）》，把操作风险定义为："由于内部程序不完善、操作人员差错或舞弊以及外部事件造成的风险。"[②] 广义的操作风险指：除法规、政策风险之外所有的风险。狭义的操作风险则主要指：由于操作人员差错所造成的风险。下文中所提的操作风险均指狭义的操作风险。

由于社会保险业务经办核心在于操作，因此操作风险可以说是最主要的一种社会保险经办风险。

2. 技术风险

技术风险是指在使用与计算机、网络等 IT 信息技术相关的产品、服务、传递渠道、系统时，所产生的经办业务的不确定性或对业务管理的不利因素。其中，IT 是指用来存储、接收、传递、处理和恢复社会保险业务信息的工具和系统，包括计算机硬件、软件、网络通信设备等。随着社会保险业务信息化程度的提高，技术风险越来越成为另一种重要的经办风险。

[①] 顾京圃著：《中国商业银行操作风险管理》，北京：中国金融出版社 2006 年版，第 11 页。

[②] 徐学锋著：《商业银行操作风险管理新论》，北京：中国金融出版社 2009 年版，第 68 页。

3. 道德风险

道德风险主要是指由于经办机构职员或相关利益主体为了获取非法利益，独立或联合实施欺诈，导致经办风险产生的不利因素，如经办人员与参保单位串通，通过虚假材料办理养老保险补缴业务。由于道德风险与思想道德、品行、自律性等有关，业务经办人、参保人或参保单位各相关个体在此方面千差万别。因此，道德风险在所有社会保险经办风险中最具有不确定性，也最不容易控制。

4. 法规、政策风险

法规、政策风险是指由于法律发生变化、新的立法出现、新的社会保险政策出台而对业务经办与管理造成不确定性或产生不利因素。

5. 其他风险

其他风险主要是指自然灾害和人为灾害引起的风险，如地震、洪水等。此类风险实际上是指"外部事件造成的风险"，包含在广义的操作风险里面。

法规、政策风险与"外部事件造成的风险"，非社会保险经办机构可控制，故本书不对法规、政策风险进行评估及防范，也不对因自然灾害及人为灾害引起的风险进行评估及防范，而着重研究业务经办过程的操作风险。道德风险和操作风险经常难以区分，在实际风险防范中，利用流程和技术手段都可以对操作风险和道德风险起到降低的效果，因此下文对道德风险的防范只做简单叙述。技术风险一般都会产生较为严重的后果或社会影响，因而是高等级的风险，需要重点防范，其防范方法与操作风险基本相同，因而下文只给出了风险防范的方法。

事实上，有些经办管理环节可能存在多种甚至所有种类的经办风险。例如，某经办人员因追求物质享受而通过技术或操作违规作案，窃取社会保险基金据为己有，其中既存在操作风险，也存在技术风险和道德风险。

三、社会保险业务归类及经办流程

操作风险与经办流程密切相关。由于各地社会保险各险种的统筹层次不同，导致各地的业务经办流程似乎很难统一。从本质上看，社会保险经办业务可分为以下几大类：

（1）申办、征收业务；

（2）待遇核定业务；

（3）基金核算业务；

（4）信息技术业务。

我们将纷繁复杂的业务经办流程从以上方面入手，绘制成标准流程图，这是实施信息化管理的前提。对标准经办流程的设置方法将在讨论风险控制时作更详细的叙述。

四、风险识别

风险识别，就是要在风险事故和损失发生之前，在主体（本书指社会保险经办机构）所处的内部和外部环境中寻找引起风险的各种风险因素。[1] 风险的识别（或称寻找）是进行风险等级评估的基础，也是对经办风险进行控制的基础，是风险管理中最关键的步骤，同时也是最为困难的一环。风险寻找的正确与否关系到对风险进行控制的措施及效果。风险的寻找是一个连续的、动态的过程，这个过

---

① 叶陈刚、郑君彦著：《企业风险评估与控制》，北京：机械工业出版社2009年版，第70页。

程应该与经办业务过程相结合。从寻找途径的不同进行分类，可分为以下两种方法：

1. 从经办流程入手寻找经办风险

传统寻找经办风险的方法以经办流程为基础。下文将从经办流程入手寻找经办风险的方法统称为传统方法。

为使经办风险易找、准确、不疏漏，通常分为以下三个步骤进行：

（1）绘制流程图。将具体业务操作过程梳理出业务流程，绘制业务流程图。

（2）分析经办环节。按实际操作情况将业务流程划分为各个风险环节，如申请、初审、操作、反馈、内控检查、归档环节等，并考虑经办风险产生的因素对各经办环节进行分析。

（3）确定经办风险。在确定经办风险环节后，根据工作人员的实际工作经验、出现业务经办差错的数量、类型及已发生的骗保、诉讼等典型案例，结合社会保险政策规定及经办风险产生因素，对每个经办环节可能存在的经办风险点进行查找，从而确定每项社会保险经办业务、每个经办环节的各项经办风险。

下面以"新单位参保登记"业务为例进行说明（如图1－1所示）。

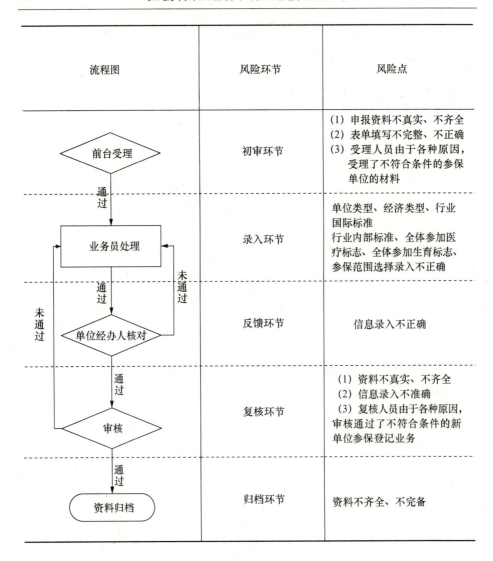

流程图	风险环节	风险点
前台受理	初审环节	(1) 申报资料不真实、不齐全 (2) 表单填写不完整、不正确 (3) 受理人员由于各种原因，受理了不符合条件的参保单位的材料
业务员处理	录入环节	单位类型、经济类型、行业国际标准 行业内部标准、全体参加医疗标志、全体参加生育标志、参保范围选择录入不正确
单位经办人核对	反馈环节	信息录入不正确
审核	复核环节	(1) 资料不真实、不齐全 (2) 信息录入不准确 (3) 复核人员由于各种原因，审核通过了不符合条件的新单位参保登记业务
资料归档	归档环节	资料不齐全、不完备

图 1 - 1　新单位参保登记业务

如图 1 - 1 所示，社会保险经办机构业务经办人员接到参保申请材料后，必须先进入前台受理环节，该经办环节的风险点主要有三方面：①申报资料不真实、不齐全。所谓不真实，指有的参保单位为达到其目的而提供虚假材料（道德风险）。②表单填写不完整、不正确。③受理人员由于各种原因，受理了不符合条件的参保单位的材料（操作风险、道德风险）。

在"业务员处理"的录入环节（又称一级经办），主要是操作人员对单位所申报的材料进行审核，看其是否符合参保条件及对部分基础数据进行录入。该环节的风险点主要有：经办人对参保单位某些基本信息的录入有误，如单位类型、经济类型等信息的录入有误（操作风险）。

其他风险环节的风险点寻找方法以此类推。使用此种方法寻找风险点，各项业务的风险环节及风险点都非常清楚、明确。

这种方法是目前全国绝大多数社会保险经办机构所采取的方法。其优点是清晰、形象、风险点易找。但此方法有其局限性，主要表现在：一是由于某些险种统筹层次较低，各地经办流程不统一，按此方法找到的风险点不统一，无法采取较为一致的防控措施。二是基于以上原因，各地均按此方法寻找风险点，必然浪费大量的人力、物力。三是由于同一类经办流程有部分类似，采用此法会造成一定的重复性工作。

2. 从数据项入手寻找经办风险

此方法是本书拟重点研究的内容之一。

（1）数据项分类及相互关系。数据项是社会保险经办工作的载体，它贯穿于社会保险业务经办工作的始终。社会保险业务经办均与数据项直接关联，存在的风险均通过数据项间接表示出来。

各险种所涉及的数据项数量、种类、名称各不相同，但从数据项来源、使用范围和数据特征看，可将所有的数据项分为参数数据、基础数据、过程数据及结果数据四类。

参数数据是指本统筹区所有参保对象公用的数据。其特征是数据相对静态和稳定，需要人工录入，统筹区内公用，如单位和职工个人缴费比例、所在城市上年度在岗职工月平均工资等。

基础数据是指涉及参保单位和个人基本信息的数据。其特征是数据相对静态和稳定，需要人工录入或确认，为参保对象所特有，如单位名称、单位类型、单位编号、银行账号及参保人姓名、性别、公民身份证号码、出生日期、个人身份、缴费基数等。各个社会保险险种基础数据种类有相当部分是一致的。

过程数据是指根据参数数据、基础数据由社会保险经办机构业务信息系统自动生成且还没确认的数据。其特征是数据动态、可变,由系统自动生成且还没最终确认,如个人应缴当月金额及小计、实际缴费月数、截止到上年末个人平均缴费指数、个人账户累计本息等。

结果数据是指将过程数据经人工确认的数据。其特征是数据静态、固化、不能改变,由系统自动生成,如单位实缴当月金额、退休时核定的应发基本养老金合计、转移金额、基金当期结余金额等。

养老保险中的 118 个数据所属类型参见附件 1。

按照数据的来源可将数据分为外部数据和内部数据。外部数据指基础数据、参数数据等外源性数据。内部数据指过程数据、结果数据等内源性数据。

(2)寻找方法。从数据项入手寻找风险点即以数据项为中心,以国家公布的数据项为基础,结合本地实际而添加若干必要数据项,描述数据本义,找出各数据项的关联度,分析数据项在社会保险数据管理中所经历的各个经办环节隐含的风险,从中找到影响数据安全的风险点。

1)绘制关联图。考虑每个数据项自身的特点及其与其他具体数据项的关联关系,对社会保险数据项的关联关系进行整理,用示意图的形式进行表现(养老保险中的118 个数据关联图参见附件 1)。

2）分析风险环节。根据关联图找出各具体数据项在社会保险数据管理中所要经历的各个环节，根据各类数据项的特点，考虑风险产生的因素，分析每类数据项、每个环节隐含的经办风险因素，确定经办风险环节。

参数数据经办风险环节有：调整、录入、审核、归档。

基础数据经办风险环节有：申报、审核、录入、转换、传递、归档。

过程数据经办风险环节有：生成、转换、传递、归档。

结果数据经办风险环节有：生成、转换、传递、归档。

另外，在社会保险经办过程中，社会保险业务系统维护不是针对个别数据项进行的，从具体数据项的管理环节中无法体现和分解出该风险环节，为此专设社会保险业务系统维护环节。

3）确定经办风险。在确定经办风险环节后，根据关联关系图对数据项的重要性进行分析，重要程度越高，其经办风险越大，应作为重点进行分析。对于具体经办风险的确定，应综合考虑以下多种因素：工作人员实际工作经验、历史出现的差错数量、类型及已发生的骗保、诉讼案件等。

经办风险可归纳为以下种类，见表1-1。

表 1 - 1　经办风险分类

数据类型	经办环节	经办风险
参数数据	调整	未按规定调整参数数值，如未按规定调整利率
	审核	审核有误，如核定参数数值不正确
	录入	录入有误，如把核定正确的数据输入系统时发生错误
	归档	归档不当，如纸质和电子文件未按规定保存
基础数据	申报	申报资料造假，如外部欺诈
	审核	审核有误，如参保人视同缴费年限核定不正确
	录入	录入有误，如把参保人出生时间 1958 年录入为 1953 年
	转换	转换有误，如经系统转换后，业务系统记录的缴费数据与银行交换来的缴费数据不一致
	传递	传递有误，如对外交换传递数据发生错漏、不按时、泄露
	归档	归档不当，如纸质和电子文件未按规定保存
过程数据	生成	系统自动生成程序出错，如系统计算实际缴费月数错误
	转换	转换有误，如经系统转换后，送银行代收的与系统原记录的单位应缴费当月金额数据不一致
	传递	传递有误，如银行收到的代收应缴费数据与系统转换生成的代收应缴费数据不一致
	归档	归档不当，如纸质和电子文件未按规定保存

续表

数据类型	经办环节	经办风险
结果数据	生成	系统自动生成程序出错，如系统计算应发养老金合计金额有误
	转换	转换有误，如经系统转换后送银行代发的与系统原记录的个人应发养老金合计数据不一致
	传递	传递有误，如经传递，系统转换后送银行代发的与银行实际收到的个人应发养老金合计数据不一致
	归档	归档不当，如纸质和电子文件未按规定保存

　　与四类数据项有关的经办风险除了表1-1所列之外，还包括社会保险业务系统维护、档案管理等业务。具体如表1-2所示。

表1-2　其他经办风险

业务类型	经办风险
社会保险业务系统维护	后台批量处理数据错误，如批量建立视同缴费账户有误
	数据批量迁移错误，如所有的业务数据从旧业务信息系统迁移到新业务信息系统有误
	信息系统维护错误，如业务系统部分功能调整、新功能增加、后台提取数据等有误
档案管理	档案没有按照相关制度进行管理，如将档案放置于潮湿的环境，温度、湿度均不符合规定
其他	信息系统受破坏或被非法入侵，如信息系统遭受水淹、火灾等

为了更好地说明按数据项查找经办风险的方法，以"出生年月"数据项为例。

数据项分类："出生年月"数据项属于基础数据。

绘制关联图："出生年月"数据直接影响到"退休日期"、"应发历次调待累计金额"数据项。其关联图如图1－2所示。

图1－2　关联图

分析经办环节。表1－1已述，基础数据所涉及的经办环节为：申报、审核、录入、转换、传递、归档六个。

确定经办风险。通过分析上述六个经办环节，可以确定"出生年月"这一数据项所涉及的经办环节有四个：申报、审核、录入、归档。该数据项在各环节的经办风险分别为：

申报资料造假，如参保人提供虚假的档案材料，实行外部欺诈；

审核有误，审核人因各种原因，对参保人的出生日期审核错误；

录入有误，录入的出生日期与审核结果不一致；

归档不当，如对相关纸质材料存档及电子数据备份处理不当。

其他数据项经办风险的寻找办法与此类似。

3. 两种方法的优劣比较

按流程图查找与按数据项查找经办风险的优劣如表1-3所示。

表 1-3　　按流程图查找与按数据项查找方法优劣比较

方法　内容	按流程图查找		按数据项查找	
	优点	不足	优点	不足
标准化	①单独统筹区统一的业务流程查出的风险是统一的。②容易实现单独统筹区内风险防范的标准化。	①业务流程地区差异大，各环节经办风险不同。②业务流程随政策及信息系统调整而变化，不适应全国范围标准化发展要求。	①国家已公布统一的数据项（如180项养老保险联网数据）。②以全国统一的数据项为基点查找风险，符合国家标准化要求。	①因社会保险政策的地区差异，尤其是医疗保险，在全省或全国范围内进行标准化较难。②数据也会因政策的调整而产生变化。
信息化	容易根据现有业务流程在业务系统中实现流程控制。	①无法直接判断数据间的逻辑关系，因而无法直接作为开发内控监督软件的依据。②要实现内控监督的信息化，还需要找出流程之间包含的数据间的逻辑关系。	①可以直接分析数据的来龙去脉及判断数据间的逻辑关系。②利用数据间的逻辑关系，可直接开发内控监督软件，进而实现风险控制的信息化。	部分风险对数据真实、准确、完整、安全的影响相对滞后，要通过信息化手段实现事前的风险控制相对困难。

续表

方法 内容	按流程图查找		按数据项查找	
	优点	不足	优点	不足
规范化	根据统一的业务流程，单独统筹区内风险防范标准容易统一，统筹区内风险防范的规范化管理容易实现。	业务流程设置是否合理，根据流程本身难于提供有说服力的标准，为实现风险防范必须配备的机构、人员也难于有量化标准。	根据数据类型，可以量化经办机构相应岗位人员配比及业务信息，系统软硬件投入为实现全省甚至全国规范化的风险防范管理提供量化依据。	对需人工审核录入的基础数据处理受经办人员素质、经办环境条件的制约，经计算机自动生成的过程数据、结果数据的处理受计算机软件开发、硬件支撑水平的制约，不同地区量化结果可能不一致。
控制效果	查找风险及风险防范措施针对性强，能达到风险防范的目的。	容易遗漏流程之间的关联制约关系而产生风险控制"盲区"。	更注重数据源头管理（基础数据和参数数据）和数据全过程风险控制，能达到控制的目的。	对于数据产生异动后再进行分析，可能产生风险控制不及时的现象。

上面介绍了从经办流程及数据项入手寻找风险点的方法，在实践中，可以将两种方法结合使用。

第二章 社会保险经办风险等级评估

一、风险评估的定义

风险评估是在风险识别的基础上对风险进行计量、分析、判断、排序的过程，是风险应对的主要依据。[①] COSO 将风险评估定义为：识别和分析实现目标过程中存在的重要风险，它是决定如何管理风险的基础。一旦风险得到识别，就应该对风险进行评估，并指出风险评估应通过考虑风险的可能性和影响来对其加以分析。风险评估应立足于固有风险和剩余风险。[②] 固有风险是管理当局在没有采取

---

① 内部控制课题组编著：《企业内部控制基本规范》，北京：立信会计出版社 2008 年版，第 96 页。

② ［美］COSO 制定发布，方红星、王宏译：《企业风险管理——整合框架》，大连：东北财经大学出版社 2005 年版，第 11 页。

任何措施来改变风险的可能性或影响的情况下，一个主体（这里指社会保险经办机构）所面临的经办风险。剩余风险是在管理当局（这里指社会保险经办机构）的风险应对之后所残余的风险。①

二、风险等级评估方法

风险等级是指将风险按级别的高低进行分类、排序，不同的风险类别构成风险等级。

风险等级分类应适当，分类太少会太笼统；分类太多、太细易把问题复杂化，反而不易将风险区分开。本书参照一些金融机构（如中国建设银行）的标准，结合社会保险经小机构业务经办实践，按风险级别从低到高的顺序，把风险划分为一、二、三、四、五，共五个等级。

在风险评估过程中，不同阶段所使用的风险评估方法是不完全一致的。但无论采用何种方法，无论是基于固有风险还是剩余风险，都主要从风险发生频率（可能性）以及风险发生后的影响程度两方面进行评估。

---

① ［美］COSO 制定发布，方红星、王宏译：《企业风险管理——整合框架》，大连：东北财经大学出版社 2005 年版，第 40 页。

1. 风险发生频率（可能性）的评估

对经办风险发生频率测定的具体方法有定性评估和概率测算两种。

（1）风险发生频率的定性评估。风险发生频率的定性评估一般采用专家判别法（又叫德尔菲法）。该方法在无法准确收集或统计风险发生频率的情况下使用，它的基础是情景分析，专家根据自身的专业知识和丰富的经验（结合以往出现风险的情况），对未来可能出现的情景做出判断，并判断该情景出现的可能性及可能的损失情况。[①] 此法通过多轮次调查专家对问卷所提问题的看法，经过反复征询、归纳、修改，直到协调人感到专家小组成员的意见达到某种程度上的一致性为止。

判断风险发生的频率一般也分为五个等级：①罕见；②不太可能；③可能；④很可能；⑤极可能。对于定性评估来说，⑤（极可能）表示"预计大多数情况下发生，或现实中大量发生"；④（很可能）表示"很可能会发生，或现实中经常发生"；③（可能）表示"在某种情况下可能发生，或现实中发生过几次"；②（不太可能）表示"在某种情况下能够发生，但可能性小，现实中偶尔发

---

① 陈忠阳著：《新巴塞尔协议与现代银行风险管理知识问答》，北京：民族出版社2004年版，第349页。

生";①（罕见）表示"仅在例外情形下发生，或很多年发生一次"。

（2）风险发生频率的概率测算（又叫定量评估）。概率测算是一种定量的方法，指风险评估者根据统计资料，应用概率统计方法进行计算，并以经办风险事件发生频率评估表（见表2-1）为辅助标准，判断经办风险事件的发生频率。所需的统计资料主要有以下几类：①风险损失事件分类。②风险损失事件历史数据。将国内外社会保险经办机构内部发生的由于经办人过错或违规操作而造成基金损失、社会影响的典型案例进行分析汇总。③各类业务检查报告。它包括上级对下一级社会保险经办机构的内控检查报告及各社会保险经办机构的内部自查报告。④内部审计报告，即社会保险经办机构稽核内审部门对各业务经办部门进行检查的报告。⑤外部监管、审计报告。它包括审计厅（局）、基金监督机构对各级社会保险经办机构的审计报告。⑥业务经办过程中发现的错误统计。它包括内部经办人出现的错误或外部欺诈事件的数量统计。

对于定量评估来说，设定概率参考值，发生概率在 0.01~1，其经办风险发生可能性定为⑤（极可能）；发生概率在 0.001~0.01，其经办风险发生可能性定为④（很可能）；发生概率在 0.0003~0.001，其经办风险发生可能性定为③（可能）；发生概率在 0.00001~0.0003，其经办风险发生可能性定为②（不太可能）；发生概率在 0 ~ 0.00001，其经办风险发生可能性定为①（罕见）。风险发生可能性与概率参考值之间的关系如表 2 - 1 所示。

表 2 - 1　经办风险事件发生频率评估表[①]

等级	描述词	定性描述	概率参考值	
			范围	说明
①	罕见	仅在例外情形下发生；或很多年发生一次	(0, 0.00001]	发生概率不大于 0.00001
②	不太可能	在某种情况下能够发生，但可能性小；现实中偶尔发生	(0.00001, 0.0003]	发生概率在 0.00001 与 0.0003（含）之间
③	可能	在某种情况下可能发生；或现实中发生过几次	(0.0003, 0.001]	发生概率在 0.0003 与 0.001（含）之间
④	很可能	很可能会发生；或现实中经常发生	(0.001, 0.01]	发生概率在 0.001 与 0.01（含）之间
⑤	极可能	预计大多数情况下发生，或现实中大量发生	(0.01, 1]	发生概率大于 0.01

2. 风险影响程度的评估

企业的风险影响程度主要通过损失程度来衡量，损失程度指每次损失可能产生的规模，即损失金额的大小。考

---

① 参见《操作风险事件发生频率或可能性评估表》，顾京圃著：《中国商业银行操作风险管理》，北京：中国金融出版社 2006 年版，第 124 页。

虑到社会保险经办的特殊性，经办风险的影响程度除了考虑到基金损失外，还需考虑其他因素。影响程度的大小也分为五个等级，分别为：①极小、②较小、③中等、④较大、⑤极大。

社会保险经办风险的影响程度主要从以下几方面来考虑：

（1）对信息数据和对基金收支的影响大小。这是评价经办风险影响程度时应考虑的最基本要素。参保人的参保权益最终通过社会保险待遇反映出来，而参保人的信息数据直接或间接关系到其社会保险待遇；社会保险经办风险的产生及所造成的影响最终均通过基金表现出来。

对基金的影响主要是指造成基金的损失，可通过设定具体数据来衡量其影响程度。例如：基金损失在 50 万元以上，定为极大的损失金额；基金损失金额在 10 万元（含）与 50 万元之间为较大的损失金额；基金损失金额在 0.5 万元（含）与 10 万元之间定为中等的损失金额；基金损失金额在 0.1 万元（含）与 0.5 万元之间定为较小的损失金额；基金损失金额在 0 与 0.1 万元之间定为极小的损失金额。①

---

① 　0.5 万元乃参考最高人民检察院《关于人民检察院直接受理立案侦查案件立案标准的规定》第一条第一款所述"个人贪污数额在 5000 元以上的，应予立案"；50 万元乃参考原劳动和社会保障部《社会保险基金要情报告制度》，该制度规定"重大要情是指涉及基金金额 50 万元以上……"

（2）是否会造成社会动荡或重大政治事件。这是衡量风险影响程度最高级别的一个重要指标。若所评估的风险点在此要素上评价是肯定的，则其影响程度应标为⑤（极大）。

上述两项指标实际上互相包含、互相关联。例如，若对参保人信息数据造成的影响涉及面广，对基金收支的影响也必然较大，则非常可能会造成群体性事件及社会动荡，此事件必然会造成较大的政治影响。下面两个例子可以很好地进行说明。

第一，2007 年中旬，日本由于被媒体曝光国民 5000 多万份养老保险记录出错或不全，此事故导致民众对政府不满，政府的信誉度下降，这是执政的自民党在国会选举中惨败的重要原因之一。

第二，2007 年底，英国丢失了两个记录有包含 2500 多万人的个人机密信息，包括儿童福利补贴受益人及其父母的姓名、住址、出生日期、儿童福利补贴号码、国家保险号码以及相关银行账号等信息的社会保险光盘，此事故引起了全国范围内的公众恐慌，直接导致税务署长格雷引咎辞职。

（3）出错是否可修正及补救。根据出错后可修正的难易程度及补救的难易程度来判断风险的影响程度大小。出错后易修正、可补救，则风险的影响程度小；相反，出错后难修正、难补救，则风险的影响程度大。

（4）出错联动效应大小。社会保险各数据项之间的关系是错综复杂的，有的经办操作有可能"牵一发而动全身"，因此此项指标应作为衡量风险影响程度需考虑的一项重要因素。联动效应强，关联程度高，则经办风险的影响程度大。

（5）出错能否被及时发现。根据其被发现难易程度来决定风险影响程度的大小。若某风险易被发现或近期内可被发现，则其风险影响程度相应较小；若某风险一般不可被发现，则其风险影响程度相应较大。

为使风险影响程度的评价更直观，应通过制定标准来衡量其影响程度。将风险影响程度最高标准设定为100分，其中0~20分评定为风险影响极小，标为①（极小）；20~40分评定为风险影响较小，标为②（较小）；40~60分评定为风险影响中等，标为③（中等）；60~80分评定为风险影响较大，标为④（较大）；80~100分评定为风险影响程度极大，标为⑤（极大）。将上述五个因素按照其重要性设定不同的权重，并评定经办风险的实际得分，从实际得分所属范围即可评价经办风险的影响程度，详见表2-2。

表2-2中，极大的损失金额（50万元（含）以上）、造成群体性事件及社会动荡或其他政治影响三项均以"＊"

表 2-2 风险影响程度评估表

评估项目	影响程度	评分标准	实际得分
是否造成基金收支的损失	无损失	0	
	极小的损失金额（0~0.1万元）	10	
	较小的损失金额（0.1万（含）~0.5万元）	20	
	中等的损失金额（0.5万（含）~10万元）	25	
	较大的损失金额（10万（含）~50万元）	30	
	极大的损失金额（50万元（含）以上）	*	
是否会造成群体性事件及社会动荡或其他政治影响	会造成群体性事件及社会动荡或其他政治影响	*	
出错是否可修正及补救	可修正，补救容易	5	
	可修正，补救较难	10	
	可修正，补救很难	15	
	可修正，不可补救	20	
	不可修正，不可补救	25	
出错联动效应大小	极小	5	
	较小	10	
	中等	15	
	较大	20	
	极大	30	
出错能否被及时发现	容易发现	5	
	近期内可发现	8	
	较长时间内才可发现	10	
	一般难以发现	12	
	无法预测，不确定	15	
合　　计		100	

表示，鉴于这两种情况下风险的影响程度极大，出现这两种情况时风险影响程度的实际得分均为100分，其风险影响程度均标为⑤（极大）。

应指出的是，在数据搜集困难或数据不充分时（如无法定量统计基金损失），可采用专家判别法（又称德尔菲法）。由社会保险经办各岗位的熟手、专家根据经验对风险可能造成的损失进行估计。

3. 风险等级的确定

从风险发生频率及风险影响程度两个视角，以风险等级矩阵（见表 2 - 3）为辅助标准，对风险进行综合评估。评估结果分为五个风险等级，分别为：①级（极低风险）、②级（低风险）、③级（中等风险）、④级（高风险）、⑤级（极高风险）。风险等级矩阵如表 2 - 3 所示。

表 2 - 3　风险等级矩阵

风险等级　发生频率＼影响程度	1　极小	2　较小	3　中等	4　较大	5　极大
①　罕见	1　极低	2　低	2　低	3　中等	4　高
②　不太可能	2　低	2　低	3　中等	4　高	5　极高
③　可能	2　低	3　中等	3　中等	4　高	5　极高
④　很可能	3　中等	3　中等	4　高	5　极高	5　极高
⑤　极可能	3　中等	4　高	4　高	5　极高	5　极高

4. 风险等级评估实例

综上所述，风险评估涉及风险事件发生频率及影响程度的评估。在信息化程度高、风险事件发生易统计的情况下，发生频率采用定量评估的方法。反之，则采用定性评估的办法。采用上述的风险评估方法可以对经办风险、数据项以及某项业务的风险进行评估。下面分别举例。

（1）经办风险的等级评估实例。下面以广东省社会保险基金管理局（以下简称"广东省社保局"）省本级养老保险死亡待遇核发业务录入环节的经办风险等级评估为例。

据统计，2010 年 1～6 月广东省社保局共核发死亡待遇 3532 人，由于经办人员录入死亡时间错误而导致待遇核算错误 1 人，涉及金额 1500 元。[①] 发生风险概率为 0.00028，对照表 2-1，录入有误这一经办风险发生可能性为②（不太可能），再根据表 2-2 对其影响程度进行打分，其实际得分为 50 分（具体见表 2-4），风险影响中等，标示为③（中等）。对照表 2-3，死亡待遇核发业务中录入有误这一经办风险评定等级为③级（中等风险）。其余经办风险等级评估方法类似。

（2）数据项的等级评估实例。数据项风险等级的评估方法与经办风险的评估方法相同，也是从风险发生的频率及风险影响程度两方面入手。以深圳市社会保险基金管理局（以下简称"深圳市社保局"）业务经办过程中公民身份号码这一基础数据为例，说明对数据项如何评定风险等级。

---

① 数据来源：广东省社会保险局待遇核发部提供。

表 2 - 4　死亡待遇核发业务录入环节风险影响程度评估表

评估项目	影响程度	评分标准	实际得分
是否造成基金收支的损失	无损失	0	
	极小的损失金额（0～0.1万元）	10	
	较小的损失金额（0.1万（含）～0.5万元）	20	20
	中等的损失金额（0.5万（含）～10万元）	25	
	较大的损失金额（10万（含）～50万元）	30	
	极大的损失金额（50万元（含）以上）	*	
是否会造成群体性事件及社会动荡或其他政治影响	会造成群体性事件及社会动荡或其他政治影响	*	
出错是否可修正及补救	可修正，补救容易	5	
	可修正，补救较难	10	10
	可修正，补救很难	15	
	可修正，不可补救	20	
	不可修正，不可补救	25	
出错联动效应大小	极小	5	
	较小	10	10
	中等	15	
	较大	20	
	极大	30	
出错能否被及时发现	容易发现	5	
	近期内可发现	8	
	较长时间内才可发现	10	10
	一般难以发现	12	
	无法预测，不确定	15	
合　计		100	50

根据深圳市人力资源和社会保障局社会保险基金非现场监督系统的统计，截至 2008 年底，深圳市社会保险局共输入身份证号码 768 万人次，其中错误 629 人次，[①] 其风险发生的概率为 0.00008，对照表 2 – 1，其风险发生的可能性为 ②（不太可能）。再根据表 2 – 2 对其风险影响程度进行打分，其实际得分为 23 分（见表 2 – 5），风险影响极小，标为 ②（较小）。对照表 2 – 3，深圳市社会保险局身份证号码这一数据项的风险等级评估结果为 ② 级（低风险）。

其余数据项的风险等级评估与此类似。

（3）经办业务的风险评估实例。利用上述风险评估的方法，也可对某项业务经办的风险进行评估。下面以广东省社保局养老保险视同缴费年限业务核定为例进行分析。

根据 2009 年 7 月 ~ 2010 年 3 月内审数据统计，共抽查养老保险视同缴费年限核定业务约 600 人次，其中审核有误需重核 3 人次，[②] 其风险发生概率约为 0.005，对照表 2 – 1，其风险发生的可能性为 ③（可能）。再根据表 2 – 2 对其风险影响程度进行打分，其实际得分为 62 分（见表 2 – 6），风险影响较大，标示为 ④（较大）。对照表 2 – 3，广东省社保局养老保险视同缴费年限业务的风险等级评估结果为 ④ 级（高风险）。

---

① 数据来源：深圳市人力资源和社会保障局基金监督处提供。
② 数据来源：广东省社保局稽核内审部提供。

表2-5　公民身份证号码数据项风险影响程度评估表

评估项目	影响程度	评分标准	实际得分
是否造成基金收支的损失	无损失	0	0
	极小的损失金额（0~0.1万元）	10	
	较小的损失金额（0.1万（含）~0.5万元）	20	
	中等的损失金额（0.5万（含）~10万元）	25	
	较大的损失金额（10万（含）~50万元）	30	
	极大的损失金额（50万元（含）以上）	*	
是否会造成群体性事件及社会动荡或其他政治影响	会造成群体性事件及社会动荡或其他政治影响	*	
出错是否可修正及补救	可修正，补救容易	5	5
	可修正，补救较难	10	
	可修正，补救很难	15	
	可修正，不可补救	20	
	不可修正，不可补救	25	
出错联动效应大小	极小	5	
	较小	10	10
	中等	15	
	较大	20	
	极大	30	
出错能否被及时发现	容易发现	5	
	近期内可发现	8	8
	较长时间内才可发现	10	
	一般难以发现	12	
	无法预测，不确定	15	
合　计		100	23

表 2-6　视同缴费年限核定业务风险影响程度评估表

评估项目	影响程度	评分标准	实际得分
是否造成基金收支的损失	无损失	0	
	极小的损失金额（0~0.1万元）	10	
	较小的损失金额（0.1万（含）~0.5万元）	20	
	中等的损失金额（0.5万（含）~10万元）	25	25
	较大的损失金额（10万（含）~50万元）	30	
	极大的损失金额（50万元（含）以上）	*	
是否会造成群体性事件及社会动荡或其他政治影响	会造成群体性事件及社会动荡或其他政治影响	*	
出错是否可修正及补救	可修正，补救容易	5	
	可修正，补救较难	10	10
	可修正，补救很难	15	
	可修正，不可补救	20	
	不可修正，不可补救	25	
出错联动效应大小	极小	5	
	较小	10	
	中等	15	15
	较大	20	
	极大	30	
出错能否被及时发现	容易发现	5	
	近期内可发现	8	
	较长时间内才可发现	10	
	一般难以发现	12	12
	无法预测，不确定	15	
合　计		100	62

其余具体经办业务的风险等级评估与此类似。

（4）社会保险业务系统维护环节的风险评估。后台批量处理数据、数据批量迁移等业务系统维护环节，由于其涉及数据量大，发生错误时涉及面广，对基金收支影响较大，甚至会造成群体性事件，因此该环节的风险等级均评为⑤级（极大风险）。

5. 社会保险经办风险其他评估方法介绍

（1）损失分布评级法。这是一种定量评估经办风险的方法。损失分布评级法来源于《巴塞尔协议》。在 2001 年 9 月，巴塞尔委员会正式将损失分布法纳入操作风险高级计量法（Advanced Measurement Approaches，AMA）的框架中来。

损失分布法的基本思路是：以 VaR 方法为基础，给定一定的置信区间和持有期间（通常是一年），社会保险经办机构根据自身情况对业务类型和事件类型进行分类并收集内部损失数据，并针对每种业务类型/事件类型的组合分别测算出两个概率分布函数：一个是损失幅度（单个事件的影响率）；另一个是下一年事件发生的频率。然后，根据这两个测算的概率分布，社会保险经办机构可以计算出累计操作损失的概率分布函数。风险的大小就是每种业务类型/事件类型组合风险价值的简单加总数，VaR 值直接度量了最大可能损失。具体的评估步骤如下：

1）将社会保险经办机构内部控制的方面分为 i 类，对应业务线型确定一系列损失类型。

2）为每种业务/损失类型规定一个风险指标（EI），它代表每个业务线型操作风险的大小。

3）除风险指标外，社会保险经办机构根据内部损失数据为每种业务/损失类型计算出一个代表损失事件发生概率的参数（PE）和一个代表损失严重程度的事件损失程度值（LGE）。

4）利用信度理论对损失事件发生概率的参数和损失严重程度的事件损失程度值进行相应的调整。

5）三个参数相乘得出每种业务/损失类型的预期损失（EL）。

应用示例：据统计，2010 年 1～6 月广东省社会保险局共核发死亡待遇 3532 人，由于经办人员录入死亡时间错误而导致待遇核算错误 1 人，涉及金额 1500 元。发生风险概率为 0.00028。则 PE ＝ 0.00028、LGE ＝ 1500。风险指数 K ＝ EI1 × PE × LGE ＝ 0.21（EI1 ＝ 0.5）。对照风险分类表（参见附件 2），则死亡待遇核发业务中录入有误这一经办风险评定等级为③级（中等风险）。

根据有限波动信度理论的思路，若积累的经验数据越多，信度因子 C 越接近 1。通常对小概率事件，统计的数据超过 20000 或发生差错的数据量超过 20 时，取 C = 1；数据量少时，C 取 0 ~ 1 的值（见附件 2）。

同样采用上文所述死亡时间的例子。如果完全信度的经验数据要求个数为 10000 个，先验的风险发生概率为 0.00025，先验的损失金额为 1400。由于经验数据仅有 3532 个，计算出信度 Z = 0.594。此时，PE = 0.594 × 0.00028 + (1 - 0.594) × 0.00025 = 0.000268，LGE = 1459.4。因而，风险指数 $K = EI1 \times PE \times LGE = 0.195$。可以对风险等级进行相应的调整。

损失分布评级法模型建立及应用详见附件 2。

（2）情景分析法。情景分析法是一种自上而下"如果—什么"的分析方法，可以计量某事件或事件组合将对社会保险经办机构业务经办产生的影响。它通过想象、联想和猜想来构思和描绘未来可能的情况，从而为指定风险应对策略提供支持。[1] 情景分析的主要步骤是：

1）确定分析的主题，明确分析的范围。

2）建立风险数据库，并将风险按其对主题的影响进行分类。

3）构思风险各种可能的未来图景。

4）设想一些突发事件，看其对未来情景可能的影响。

---

[1]　内部控制课题组编著：《企业内部控制基本规范》，北京：立信会计出版社 2008 年版，第 106 页。

5）描述到未来各种状态的发展演变途径。

在适用情景分析的过程中应明确以下三点：①因变量：所关注的目标是什么。②自变量：影响该目标的风险因素是什么，该风险因素的波动范围和发生概率是怎样的，风险因素之间的关系如何，在分析中应当尽量避免强相关关系的存在。③因变量和自变量之间的关系：该风险是如何影响目标的实现，其变动对目标的变动方向与程度影响如何。

情景分析是评估一个或多个事项对目标的影响。例如：实践中可用此法来评估业务操作流程的改变对业务经办带来的风险；也可用此法来评估业务操作流程的改变、操作人员换岗等多个事项改变对业务经办带来的风险。

（3）压力测试法。压力测试法是情景分析的一种形式，专门用于特定的风险因子，是指在极端情景下，分析评估风险管理模型或内控流程的有效性，发现问题，制定改进措施的方法，目的是防止出现重大损失事件。[①] 具体操作步骤如下：

1）针对某一风险管理模型或内控流程，假设会发生哪些极端情景。极端情景是指在非正常情况下，发生概率很小，而一旦发生，后果十分严重的事情。假设极端情景时，不仅要考虑本经办机构或其他社会保险经办机构出现过的历史教

---

① 内部控制课题组编著：《企业内部控制基本规范》，北京：立信会计出版社 2008 年版，第 107 页。

训，还要考虑历史上未曾出现，但将来可能会出现的事情。

2）评估极端情景发生时该风险管理模型或内控流程是否有效，并分析对目标可能造成的损失。

3）制定相应措施，进一步修改和完善风险管理模型或内控流程。

以社会保险信息数据的管理为例。例如，社会保险经办机构一般情况下均对信息数据进行同城备份，信息数据的安全一般不会出现问题，因此经办机构只需对信息数据进行"常规的安全管理"即可。采用压力测试方法是假设将来发生极端情景（如地震、火灾），则经办机构对信息数据"常规的安全管理"在极端情景下不能有效防止重大损失事件，为此经办机构采取了信息数据异地备份、建立异地容灾系统等措施。

三、社会保险经办风险等级评估的后续管理

1. 风险等级的检验

为进一步检验评估出来的风险等级的客观性，以下三

种方法可以提供参考：

（1）调查问卷法。工作人员根据风险的特点、风险级别、控制措施等要素设计调查问卷，在业务经办人员中进行调查，调查结果可作为检验风险等级是否客观的参考。

（2）情景模拟法。工作人员根据历史损失事件或类似事件模拟被评估风险点在极端情况下的影响程度，以及未来可能的损失分布，包括复制情景和假设情景，[①] 以此来检验评估出来的风险等级是否恰当。

（3）数据分析法。提取实际经办过程中与所评估风险有关的部分数据进行分析，看对风险的等级评估是否恰当。

2. 风险等级的评估频度

风险等级评估是一项长期反复开展的、具有持续改进能力的活动。

（1）对于评估结果为④级、⑤级的高级别经办风险，必须每半年进行检测及重新进行等级评估。每两年对经办风险全面重新进行评估。

（2）技术条件或流程发生改变的，必须及时重新进行等级评估。

---

① 车德宇主编：《商业银行操作风险管理理论与实务》，北京：中国经济出版社 2008 年版，第 121 页。

（3）当业务自查、内控检查及外部监管发现存在新风险点或风险点失效问题，必须对相关经办风险重新进行等级评估。

3. 风险等级评估的管理

风险等级评估工作由稽核内审部门组织相关社会保险专家完成。若有需要重新评估等级的风险点，一般由业务部门在每年年初先书面提出，再由稽核内审部门组织重新评估。

第三章 社会保险经办风险应对

——内部控制

一、风险控制策略

风险控制可以从改变风险后果的性质、风险发生的概率和风险后果三方面提出多种策略，对不同的风险可用不同的处置方法和策略。它们分别是回避风险、降低风险、转移风险和承受风险四类。

回避风险是指退出产生风险的活动。[①] 对于社会保险经办机构来说，则是指通过修改业务经办流程，直接回避可能导致经办风险的业务或业务环节。例如，社会保险经办机构实行市级统筹后，撤销县区级社会保险经办机构的

---

① ［美］COSO 制定发布，方红星、王宏译：《企业风险管理——整合框架》，大连：东北财经大学出版社 2005 年版，第 44 页。

基金核算部门和业务职能,以回避县区级社会保险经办机构进行社会保险基金核算的风险。

降低风险是指采取措施降低风险的可能性或影响,或者同时降低两者。降低经办风险几乎涉及社会保险经办机构内部控制的全过程。例如,社会保险经办机构为降低某项社会保险经办业务的经办风险,对该项社会保险经办业务的办理采取三级审批、加大内审抽检办理结果比例等。

转移风险是指通过转移或与他人共担一部分风险来降低风险发生的可能性或影响。对社会保险经办机构来说就是通过改变操作方式、增加责任主体等,转移部分或全部经办风险。例如,社会保险经办机构取消现金收付的方式,全部通过银行账户进行资金收付,现金管理风险就被转移。

承受风险是指不采取任何措施去干预风险的可能性或影响。对社会保险经办机构来说,一般在回避、降低、转移经办风险时成本高于效益,或者经办风险影响大小在社会保险经办机构可承受能力范围之内选择承担经办风险。

本书讨论的经办风险的防范措施,绝大部分是属于风险应对策略中降低风险的范畴。

二、风险控制的分类

（1）按照风险控制所属类型主要分为组织机构控制、业务运行控制、基金财务控制、信息系统控制、内部控制的监督检查五种。

（2）按照对风险控制的时间先后，分为以下几类：

1）事前预防。通过制度建设、机构和权限配置、流程优化再造及强化程序开发的校验完成。①制度建设。按照国家及广东省有关社会保险经办机构内部控制及基金管理的相关要求，从组织机构、业务运行、基金财务管理、信息系统控制四个方面建立相应的控制制度。②机构设置、权限配置。科学设立内部机构，合理进行岗位设置及严格进行权限配置，使各部门之间、各经办人员之间的权力相互制约与监督。例如：明确各业务经办人员的职责和系统初审、复审岗位的操作权限。③流程优化再造。依据评估后风险点级别的高低对原有经办流程进行梳理优化。有条件的可制定标准流程，通过标准流程对不同级别的风险点实行标准化控制。④强化程序开发的校验。设置业务操作中的数据逻辑控制，杜绝部分明显不符合政策规定或逻辑关系的数据进入数据库。⑤实行新程序开发模拟。为防止对原系统造成影响，系统维护或新程序开发时应在仿真系统上先进行模拟测试。

2）事中监控。主要通过系统进行实时监控。在业务经办系统中嵌入内控系统，内控人员通过系统对整个业务经办过程进行监控。当发现有异常情况发生时，系统会即时向内控人员提示或预警，内控人员通过分析，若认为有必要应立即要求业务经办人员进行核实，若确属业务经办出错，应立即进行整改。一般来说，对4级（较高）风险及5级（极高）风险才实行实时监控。

3）事后监控。一是业务经办部门对本部门经办业务实行自查。二是稽核内审部门对业务经办纸质材料进行检查。三是通过系统对业务经办材料扫描件、业务经办数据进行比对，对存疑数据进行核查。四是在某一时点对某一类业务进行专项检查。通常是结合国家、人社部或人社部社保中心有关内控专项检查的规定进行检查。也可能是由于某类突发性事件（如有投诉举报案件）而采取的措施或对高风险级别业务实行重点监控。

三、风险控制的原则

1. 风险最小化原则

指不论采取何种控制措施，其最终目的是降低风险，实现风险的最小化。

2. 侧重信息化原则

随着社会保险险种的增加及参保人数的增长，社会保险业务的业务量不断增加，因此只有充分利用信息化技术对业务经办风险进行控制，才能适应社会保险业务的不断发展。应侧重于通过信息化程度的提升来实现对经办风险的控制。

3. 流程优先原则

指对风险的控制首先应考虑流程的优化以降低风险等级，其次才考虑具体的内控措施。

4. 评控一致原则

对风险所采取的控制措施级别应与评估出来的风险等级一致。

四、风险控制的实施

1. 对传统办法查找出的风险点的控制

此法针对各经办环节具体的风险点及统筹兼顾整项业

务，按照风险级别的高低，从事前、事中及事后采取具体的措施进行控制。

以上述"新单位参保登记"业务为例。经评估，该业务风险等级为③级（中等风险），初审环节、录入环节、复核环节、归档环节的风险等级分别为③级（中等风险）、③级（中等风险）、②级（较低风险）、③级（中等风险）（评估过程略）。考虑到该业务的风险等级及各经办环节的风险等级，采取以下防范措施。

（1）事前预防。

1）在流程设计上，实行初审、复核二级控制。

2）为防止录入环节出现错误，可设置逻辑校验，防止录入不符合逻辑关系的数据。如对单位开户账号录入设置逻辑校验，对录入数字少于或多于 15 位给予预警提示。

3）对该项业务有关人员进行业务培训及道德教育，提高人员的业务水平及道德水平，防止受理或审核通过不符合条件的新单位参保登记业务。

（2）事中监控。由于此项业务及各经办环节风险等级均没达到 4 级（较高）以上级别，对此项业务不实行实时监控。

（3）事后监控。

1）业务部门自查。

2）内控部门检查，如检查存档材料或提取业务数据进行检查。

2. 对从数据项入手查找出的风险点的控制

这是本书探索的一种方法。简单来说，该方法就是将有共性及本质相同或相近的传统业务流程概括设置为同一类标准流程，通过评估该标准流程中数据项的风险等级，控制标准流程中数据项的风险，从而达到对经办风险的控制。

（1）原因分析。业务数据与社会保险经办业务密不可分，找出与业务数据相对应的社保经办业务类型，并对社会保险经办业务类型进行业务流程设置，就实现了对业务数据的内部控制。这就为完善业务流程设置、提出内部控制措施、保证业务数据准确性提供了一个切入点。因为相关业务数据可能出现的风险都是与之相对应的社会保险经办业务类型的风险，所以通过社会保险经办业务流程实施社会保险经办风险的控制，就可以简化到通过对与业务数据相对应的社会保险经办业务类型设置完善的业务流程，实现对社会保险经办风险的控制。这样既减轻了业务流程设置的工作量，减少了业务流程设置的盲目性，又能使业务流程设置和控制措施具有针对性和有效性。而且，由于标准流程几乎覆盖所有的社会保险业务类型，基本能够做到以不变应万变。

（2）方法步骤。

1）数据分类。将所有的业务数据按照其来源及运行的情况分为四类：基础数据、参数数据、过程数据和结果数据（上文已述）。

2）业务分类。将所有的社会保险经办业务也分为四类：申报、征收业务、待遇核定业务、基金核算业务和信息技术业务。

3）业务与数据关联度分析。将社会保险经办业务类型与业务数据类型按关联度进行分析，得出以下关联关系：

第一类：申办、征收业务——基础数据、参数数据。

第二类：待遇核定业务——结果数据（由于基础数据、参数数据已在申办、征收业务中予以控制，在此不再予以考虑）。

第三类：基金核算业务——过程数据、结果数据。

第四类：信息技术业务——过程数据、结果数据。

4）识别、评估风险。对应业务数据风险，查找社会保险经办业务风险点，根据风险等级评估标准对经办业务风险进行风险等级评估。

5）制定经办业务流程标准。根据业务数据流向、经办风险等级及具体经办业务流程设置经办业务流程标准。该流程应体现对不同等级的经办风险实行控制。

（3）流程设置举例。设置标准流程的原则是前后台实行分离。前台与参保对象直接接触，负责一次性受理社会保险经办业务，审核原始申办材料的真实性、完整性和有效性，但不具有社会保险经办业务的核心权力——社会保险经办业务办理权。业务部门具有社会保险经办业务办理权限，但只能在前台受理资料的基础上办理，并且在办理业务时只能与前台部室进行单线联系，不得与参保对象直接接触。笔者设置的标准流程如图3-1和图3-2所示。

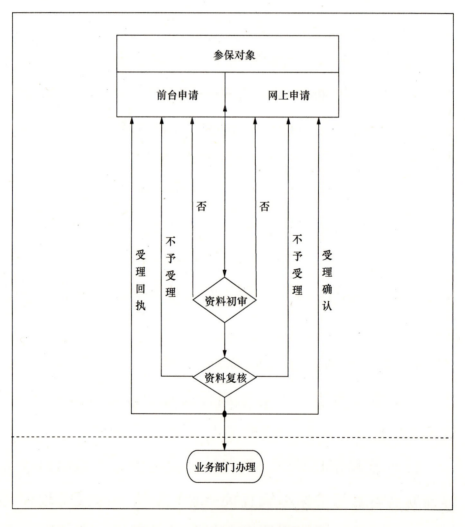

图3-1　申办征收业务受理流程

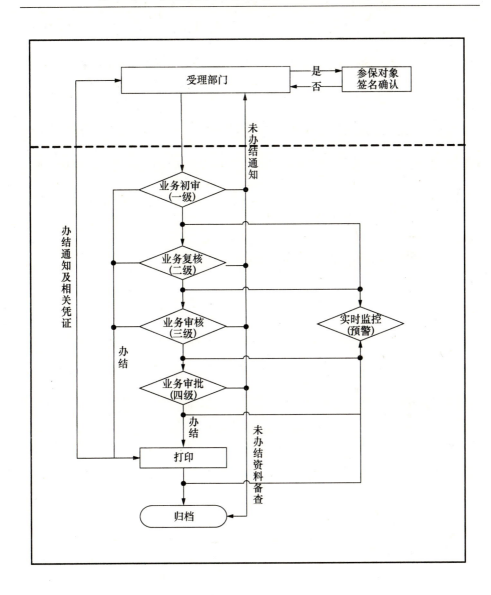

图 3－2 申办征收业务办理流程

按此标准流程图（见图 3－1 和图 3－2）及根据前台受理及后台业务办理所存在的风险类别，对各类风险的控制措施如下：

1) 对前台受理窗口的控制措施包括四类: ①根据基础数据的风险级别设置复核程序; ②由业务系统内控程序根据该数据的物理属性及其与其他数据的关联关系自行进行判断, 对不规范的操作进行预警或提示, 阻止不符合逻辑关系的数据进入系统; ③进行业务自查或内控检查; ④对受理人员进行思想教育及业务培训, 提高其思想素质及业务能力。

2) 对后台办理业务的控制措施包括五类:

一是根据基础数据的风险级别设置层级审批, 分人分岗, 相互牵制。后台的业务初审负责: 审核申办材料, 在业务系统中录入基础数据。后台的业务复核、审核和审批负责: 复核申办材料, 对录入的基础数据进行复核、审核、审批。业务办理不能直接产生过程数据和结果数据, 必须由业务系统计算机程序自动运行产生。

二是强化程序开发的校验。对风险级别高的数据项设置业务操作中的数据逻辑控制, 杜绝部分明显不符合政策规定或逻辑关系的数据进入数据库。

三是进行实时监控, 即内控系统对业务经办过程中出现的疑问问题即时反映到内控监督部门的相应监督界面, 内控部门经分析后认为有必要及时反馈给业务经办部门核查。

四是参保对象核对, 由参保对象对已办结业务的结果进行核对，进行外部监督。

五是业务部门自查及内控部门事后监督检查，对已办结业务进行原始申报材料与基础数据的比对检查。

同时，有条件的应实行申办材料影像化。受理环节即时扫描申办材料，业务受理、办理与申办材料影像化同步流转，相互关联，实现办事公开和阳光监督。

其他三类标准业务流程图见附件4。

五、风险等级评估在风险控制中的应用

1. 根据风险级别的高低，采取不同级别的防范措施

按本书第二章所述，将经办风险等级分为五个等级，可按照风险级别的从低到高，采取防范级别从低到高的措施进行防控。

对于1级风险（即最低级别的风险），可采取一级经办结合自查的方式，控制经办风险。

对于第2、3级风险可适当提高防范级别，采取二级审核及事后自查或抽查的方式，控制经办风险。

对于最高风险级别及次高风险级别的第 5 级、第 4 级风险，可采取三级审批、两部门"双审"及在条件允许的情况下实行重点监控、内控系统实时监控和专项检查相结合的内控手段，确保将风险发生的可能性及影响程度降到最低。对于涉及面广、对系统其他数据可能会产生联动效应的高风险级别的业务经办操作，应先在模拟系统里进行模拟测试，看其操作结果是否合理及是否会对其他数据产生影响，再到业务操作系统中进行经办操作。

2. 风险等级评估结果对社会保险有关决策的反馈

作为社会保险经办机构，不可能对社会保险政策制定的风险进行直接评估，但可就社会保险经办风险评估结果建立对社会保险有关决策的反馈机制，对有关政策进行间接评估。

若按有关决策执行，其所带来的经办风险评估结果风险级别较高，则应考虑出台相关补充政策对原政策进行修正，有必要时甚至可以完全取消原有政策，而重新出台新政策。

3. 风险评估结果对评估标准和风险控制措施进行自我修正

风险点的风险等级评估出来后，采取不同的措施对风险进行控制。运作一段时间后，再检验对风险点风险的实际控制效果。若绝大部分风险点的风险已得到了很好的控制，风险出现概率低、影响程度小，一方面说明风险等级评估标准客观性高，对风险的评估结果值得信赖；另一方面说明所采取的控制措施得当。

相反，若按评估出来的风险级别对风险点采取控制措施后，风险出现的概率高，影响程度大，则说明风险的评估结果可能不准确，风险等级评估标准的客观性值得怀疑；或者是所采取的控制措施不当，必须找出相关原因后再加以解决。

第四章　社会保险经办风险应对
——保障措施

一、组织机构及人员

1. 对组织机构的要求

（1）对经办机构组织架构的要求。经办机构组织架构完善，可有效地减少人为因素带来的风险，从事前对经办风险进行防范。从组织机构方面控制风险主要包括以下几方面：

1）科学设立内部机构。合理进行岗位设置及严格进行权限配置，使各部门之间、各经办人员之间的权力相互制约与监督。对经办机构不同部门的中层干部适时轮岗。

2）建立明确的领导授权制度。对授权的人员与范围、权力的制约与监督、分工调整、常规审计与离任审计等作出明确规定。

3）建立科学的人事管理制度。除应当共同遵守的机关事业单位人事管理制度外，还对岗位设置与职责、人员配备与任用、学习与培训、考核与奖惩作出详细规定。

4）建立有效的内控考评制度。对风险控制情况的评估、权力的制约与监督、岗位轮换或分工调整、常规审计与离任审计作出明确规定。

（2）充分利用社会资源，实现社会服务最大化。能通过购买社会服务的不设专门机构。在社会保险经办机构编制有限的情况下，可将部分基础性的或重复性强的内控环节外包给相关专业公司操作，以充分利用社会资源，提高工作效率。如以下几项工作：

1）部分基础数据的录入，包括行政区划代码、单位编号、组织机构代码、单位类型、隶属关系、参保人姓名、个人编号、民族、户口性质等数据的录入。

2）纸质业务档案的核对，主要是指基础性的、简单的内控检查。包括核对业务经办时是否有经办人签名、盖章；是否有实行层级审批，参保人申报待遇时是否有签名或盖章，参保人申报业务时资料是否齐全等。

3）纸质业务档案的整理、影像化及压缩、包装等业务。

（3）在条件成熟时推行稽核内审部门职能的独立。在整个经办风险防控过程中，稽核部门作为组织者和直接执行者，保持其机构的相对独立性对于切实防范经办风险显得尤为重要。在条件成熟时，可单独设立省级社会保险稽核内审局，省、市、县（区）稽核内审机构实行垂直管理。

2. 对经办人员的要求

（1）经办人员应参照公务员管理方法进行管理。《公务员法》规定，法律、法规授权的具有公共事务管理职能的事业单位中除工勤人员以外的工作人员，经批准参照《公务员法》进行管理。

一般情况下，社会保险经办机构具有如下管理职责和权限：

一是贯彻执行各项社会保险法律、法规和政策规定，执行国家各项社会保险制度，具有执行权。

二是负责社会保险制度运行、基金管理，负责编制各项社会保险基金的预、决算，年度、季度、月度财务报告，担负各项社会保险数据信息的采集、统计分析及管理工作；直接管理社会养老、医疗、工伤保险、生育、失业保险等险种（或部分险种）的业务运行、基金财务核算和各项社会保险待遇审核发放等，具有管理权。

社会保险经办机构经办人员具备公务员的素质和工作

职能，应参照公务员管理。

（2）经办机构的人员配置，应建立动态配比、分类管理的编制管理机制。

社会保险经办机构编制总额原则按照参保人数核定，编制数额按各险种工作特性进行综合计算，再根据各地经济承受能力、信息化水平、具体任务、人员素质等因素进行调节。

一种方法是按人头比来计算（即 1 个编制与所管理的参保人数之比）。调研数据和访谈结果显示：省、市、县三级在信息服务系统下的人员配置（人头比）为 1：8000～10000、1：4000～5000、1：3000，业内管理人员认同度为 58%。[1]

另一种方法是按人次比来计算。经济发达地区按"$I = [A/8000 + B/5000 + (C + D + E + F)/15000] \times K$"、经济欠发达地区按"$I = [A/5000 + B/3000 + (C + D + E + F)/8000] \times K$"的公式计算（$I$ 为编制总额，A 为养老保险参保人数，B 为医疗保险参保人数，C 为失业保险参保人数，D 为工伤保险参保人数，E 为生育保险参保人数，F 为新农保参保人数，K（0.9～1.1）为地方调节系数）。[2] 社会保险经

---

① 石孝军著：《社会保险经办机构能力建设调研报告》，参见清华公管就业与社会保险研究中心课题组《社会保险经办机构能力建设问卷（2009）》和访谈报告（2008～2009年）。

② 邢益海、柏萍著：《广东社会保险管理服务体系人力资源瓶颈及其对策》，人大复印报刊资料《社会保障制度》，2009 年第 3 期。

办机构工作人员参照公务员法管理，对专业性强的技术岗位和辅助性岗位实行聘用制管理。

事实上，随着社会保险险种的增多及参保人数的扩大，许多参照公务员管理的社会保险经办机构由于受到公务员编制的局限，人员配比无法达到上述要求，建议通过增加政府雇员的方式来加以解决。

（3）加强培训及考核，提高经办人员素质。经办人员的素质高低可以说与风险防控效果成正相关关系。经办人员素质高，业务娴熟，易于把握业务经办过程中的风险点，出错少，风险防控效果好。因此，应加强培训及考核，通过培训及考核，强化员工的业务经办能力及内控意识。

在每项新政策出台之后应组织集中培训。特别是影响较大、涉及范围广的新政策、新业务出台后，省级社会保险经办机构应组织全省、市级（有必要时扩大到县、区级）社会保险经办机构相关人员进行培训。同时，为检验工作人员对新政策、新业务的掌握程度，可依照业务操作要求编制考试题库，对工作人员进行考试，实行持证上岗。

（4）加强经办人员的思想道德教育。道德风险是业务经办风险中一个不容忽视的、非常重要的风险。近年来广东省内外发生的社会保险机构内部人员违规操作占有社会保险基金案件的发生，大部分是由于社会保险经办人员追求物质享受、放松自律而造成的，该风险实质上就是道德风险。道德风险防不胜防，通过上述控制措施的控制收效可能较小，对其最有效的控制途径应是通过加强经办人员的廉政纪律、人生观、价值观教育，加强经办人员的思想道德教育，培养经办人员的自律意识，形成自律的习惯。

二、经费保障

1. 工作经费应与服务对象相配套

与社会保险事业的高速发展和广大参保人员日益增长的服务需求相比，各级政府对经办机构的财政投入严重不足，工作经费的配套与参保人和经办业务品种的增加严重不成比例。应切实研究、加强社会保险经办机构的经费保障机制。

2. 购买社会服务的费用

在目前的机构体制下，社会保险经办机构应积极争取当地政府、财政部门（机构实行人、财、物垂直管理的社会保险机构应争取上级社会保险经办机构）的支持，按要求做好相关预算，保证充足的购买社会服务的费用。

三、技术手段

在业务种类越来越多、业务量越来越大及业务经办日益依赖于信息系统的情况下，技术手段在业务经办风险防范中起着关键的作用。技术手段主要是对信息系统功能的增加、完善及开发。它包括在业务经办系统中根据业务数据逻辑关系设置风险预警；在业务经办系统中嵌入内控系统，实行实时监控；开发便携式内控系统以利于检查；开发档案影像化系统并与业务系统、内控系统相对接，以实行实时或事后检查等。

在广东省经办机构还没实现垂直管理的情况下，为统一广东省的业务流程，减少各地由于业务经办流程不统一、管理不到位而带来的经办风险，可先统一广东省业务经办信息系统，以信息化为基础，建立省、市两级数据中心，县级不建数据库，只设业务操作终端，广东省各级经办机构的用户权限由省级社会保险经办机构统一设置，关键业务操作和全部政策参数设置由省级社会保险经办机构控制或授权。这种做法将大大减少各地社会保险经办过程中出现的操作风险及技术风险。

四、制定全国统一的社会保险风险防范标准

在国家、人力资源和社会保障部、部社会保险中心有关社会保险政策及相关法律、法规的基础上，组织各地力量，研究、制定全国统一的社会保险业务经办风险防范标准，对于各地对社会保险经办风险的防控将具有十分重要的意义。

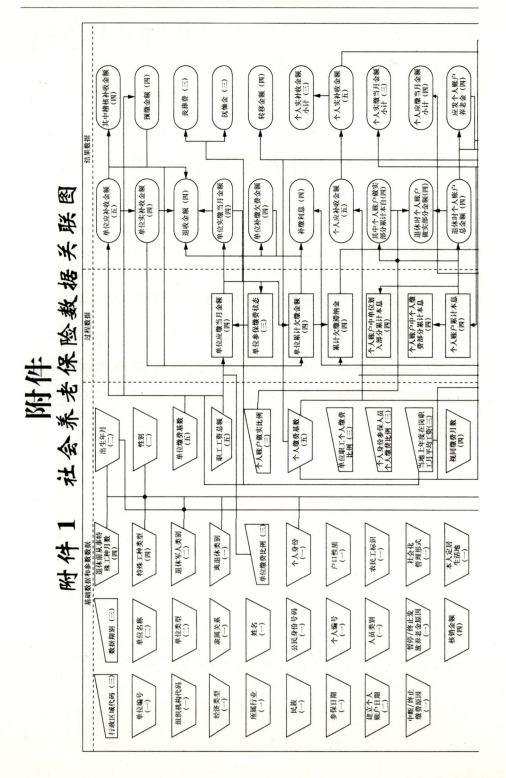

附件

附件 1　社会养老保险数据关联图

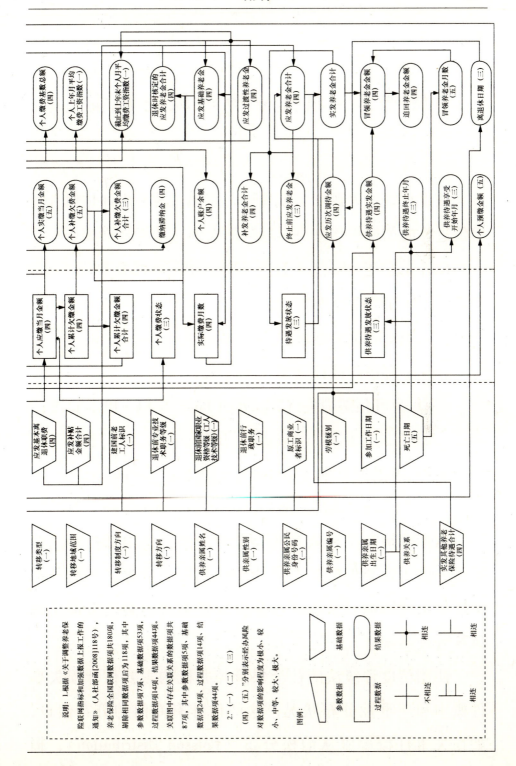

附件 2 损失分布评级法模型

信度评级法来源于信度理论，它通过对历史评估值和经验值进行的加权平均来决定风险的大小。计算公式如下：

$$K_{IMA} = \sum_i \sum_j (EL_{ij}) = \sum_i \sum_j (EI_{ij} \cdot PE_{ij} \cdot LGE_{ij})$$

其中：i 为内部控制分类；

j 为损失事件类型；

K_{IMA} 为在内部评估法下的风险；

EL 为可预期损失（Expected Loss）= EI × PE × LGE；

EI 为风险指标（Exposure Indicator）；

PE 为损失概率（Probability of Loss Event）；

LGE 为特定事件的损失（Loss Given that Event，LGE）。

信度评级法主要依靠社会保险经办机构内部控制风险系统，使用社会保险经办机构的内部损失数据，不受外部评级机构的影响，但要求社会保险经办机构必须有健全的风险管理系统。

使用信度评级法的社会保险经办机构需要估计损失事件概率和严重性分布状况，这些估计有专门的分布假设，如损失事件概率服从泊松分布（Poisson Distribution），损失严重性服从对数正态分布（Lognormal Distribution）。风险的计算可以使用蒙特卡罗模拟法（Monte Carlo Simulation），也叫随机模拟法，需要建立一个概率模型或随机过程，使它的参数等于问题的解，然后通过对模型和过程的观察，计算所求参数的统计特征，最后给出所求问题的近似值，解的精度可以用估计值的标准误差表示。

损失分布的尾部主要是损失频率低，但严重性高的事件（LFHS），这些事件造成的损失足以威胁金融机构的安全，需要使用极值理论（Extreme Value Theory，EVT）作额外的分析，经常使用的分布方法是广义帕累托分布函数（Generalized Pareto Distribution，GPD）。

$$G\xi, \beta(x) = 1 - (1 + \frac{\xi}{\beta}x)^{-\frac{1}{\xi}}, \quad 假如 \xi \neq 0$$

$$= 1 - \exp\left(-\frac{x}{\beta}\right), \quad 假如 \xi = 0$$

其中：ξ 为形状系数；

β 为规模系数。

（1）风险指标：模型中的风险指标包括非常重要的数据、一般重要的数据和不太重要的数据。对于不同组别的数据，可以为其赋予不同的风险指标。

非常重要数据的指标   EI = 0.5

一般重要数据的指标   EI = 0.4

不太重要数据的指标   EI = 0.1

（2）损失概率：在这里，把事件发生的概率设定为泊松分布（Poisson Distribution），即

$$Pr（x=k）=\frac{\lambda^k}{k!}\times e^{-\lambda}$$

k = 0，1，2…

其中：x 为事件发生的次数；

　　　λ 为事件发生次数的期望值。

（3）特定事件的损失：把特定事件的损失严重性设定为对数正态分布（Lognormal Distribution），即

$$f（x）=\frac{1}{\sqrt{2\pi}\sigma x}e^{-\frac{(\ln x-\mu)^2}{2\sigma^2}}$$

其中：x 为特定损失的额度；

　　　μ 为特定损失额度自然对数的期望；

　　　σ 为特定损失额度自然对数的标准差。

计算出 K 值之后，可以按照附表 1 的规定确定该数据项风险的等级。

由于受限于数据的可得性，附表 1 可能有其不合理的方面。在经过大量数据的计算之后，可以对 K 值对应的风险等级进行一定的调整。如可以把所有数据项的 K 值从小到大进行排列，前 10% 属于一级风险，接下来的 20% 属于二级风险，再接下来的 40% 属于三级风险，再然后的 20% 和 10% 分属于四级风险和五级风险。

附表1 风险分类表

K 值	风险等级
$0 \leqslant K < 0.1$	一级风险
$0.1 \leqslant K < 0.2$	二级风险
$0.2 \leqslant K < 0.4$	三级风险
$0.4 \leqslant K < 0.6$	四级风险
$0.6 \leqslant K$	五级风险

在实际的操作过程中，对指标 PE、LGE 可以用统计数据来计算，如果没有足够的经验数据，或没有相关统计时，可以先由有经验的专家或业务人员给出先验的评估，再在运行中积累数据的基础上修正。修正的根据就需要利用有限波动信度理论（Limited Fluctuation Credibility）对发生概率和特定事件的损失进行一定的调整，从而使其更接近真实的值：

修正值 $= (1 - C) \times$ 历史评估值 $+ C \times$ 经验值

根据有限波动信度理论的思路，若积累的经验数据越多，信度因子 C 越接近1，通常对小概率事件，统计的数据超过 20000，或发生差错的数据量超过 20 时，取 C = 1；对数据量少时，C 取 0 ~ 1 的值。可以用出现差错次数 N 对应信度因子 C，例如当 p = 0.1 时，见附表2。

附表 2　p = 0.1 时，N 与 C 对应关系

N	C
0 ~ 10	0
11 ~ 42	0.1
43 ~ 97	0.2
98 ~ 172	0.3
173 ~ 270	0.4
271 ~ 389	0.5
390 ~ 530	0.6
531 ~ 693	0.7
694 ~ 877	0.8
878 ~ 1083	0.9
> 1083	1

对于 p < 0.1，则 n 要求更小一点，p > 0.1，则 n 要求大一点。

对于经验数据和历史资料的处理可以在观察的基础上使用上述简化的方法评估。

有限波动信度理论的规则：如果 $Pr\,(\,|\overline{W} - \mu| < k\mu\,) \geqslant P$（其中 $\overline{W}$ 为 W 的经验数据的均值，为 W 先验数据的均值，k 通常取 0.05，P 通常取 0.9），就认为经验数据拥

有完全信度，即经验数据完全可信。从中，不难看出，W 的经验数据越多，它就越可能拥有完全信度。当 W 的个数 n 符合条件 $n \geq n_0 \times \dfrac{Var(W)}{(E(W))^2}$（当 k = 0.05、p = 0.9 时，$n_0 = 1082$）时，也可以认为经验数据有完全信度，如果 $n \leq n_0 \times \dfrac{Var(W)}{(E(W))^2}$，则经验数据只有部分信度，信度 $Z = \sqrt{\dfrac{n \times (E(W))^2}{n_0 \times Var(W)}}$，$W = Z \times E(W) + (1-Z) \times \mu$。

附件 3　内部控制评估

内部控制评估旨在通过制定和执行一系列具体的制度、程序和方法，对相关内部控制风险进行识别、分析和应用，健全机制，防患未然，保障社会保险经办机构体系安全稳健运行。为了控制内控风险隐患，这就要求社会保险经办机构在坚持重要性和风险可控性的原则下，有针对性地构建内部控制量化管理机制，发挥制度在内部控制评估中保驾护航的作用。

一、内部控制量化管理的重要性和原则

社会保险经办机构内部的操作风险、技术风险、道德风险、法律风险和政策风险等会影响社会保险经办机构有效履行各项职责。如何控制和规避上述各类风险、促进优质高效履行职责是社会保险经办机构内部控制和风险管理中亟待解决的问题。量化管理作为一种重要的管理工具，其主要特征是将管理的资源、过程及影响因素数字化，由此产生管理的一系列规定和特征。

内部控制机制是组织机构加强管理、提高效率、保证财产安全、实现工作目标的重要保障，社会保险经办机构实行量化管理应当服从、服务于社会保险经办机构履职要求，遵循合理性、有效性、全面性原则，既保证实现基本的控制目标，又要考虑控制成本，做到易于操作、便于操作。

二、内部控制评估基本流程

内部控制评估的基本流程如下：

（1）排查、识别内部控制各环节风险点，确定风险级别。必须在现有规章制度基础上，组织排查、识别风险点，确定风险级别，落实具体责任，明确控制措施。

（2）赋予各风险级别具体数值。结合内控要求，赋予不同级别风险点一定数值，该数值可以依据重要性或理想内控要求予以确定，并可随时间的推移和具体需求进行调整，但一旦确定必须照此执行。

（3）开展检查，将发现问题与风险级别对照，予以评分。组织内控检查，开展内控量化管理打分。

（4）反馈内控信息，促进持续改进。根据检查结果，提出改进建议，进一步修订完善内控制度，确定不同风险点的合理分值。保障内部控制评估制度得到持续改进。

三、内部控制评估具体指标及风险等级划分

内部控制评估具体指标

我们对社会保险经办机构内部控制各方面进行分析，发现内部控制具体可划分为以下指标（见附表3）。

附表 3　指标划分

Ⅰ. 组织机构控制（12 分）	机构（岗位）设置（4 分）
	授权管理（4 分）
	人员管理（4 分）
Ⅱ. 业务运行控制（24 分）	业务流程（2 分）
	参保登记、变更、转移（3 分）
	基金征缴（6 分）
	个人账户管理（3 分）
	待遇审核（2 分）
	待遇支付（7 分）
	档案管理（1 分）
Ⅲ. 基金财务控制（24 分）	基金管理制度（2 分）
	预（决）算管理（1 分）
	收支管理（4 分）
	对账情况（2 分）
	收据管理（5 分）
	银行票据管理（3 分）
	岗位分离制度（4 分）
	印鉴管理（3 分）
Ⅳ. 信息系统控制（22 分）	信息管理（8 分）
	安全管理（8 分）
	计算机处理业务的操作痕迹（6 分）
Ⅴ. 内部控制的管理与监督（18 分）	内控制度（6 分）
	内审监督（6 分）
	风险管理（4 分）
	信息披露（2 分）

　　内部控制评估采取百分制计分方法，按照被检查对象得分多少确定相应的内控等级。就内控等级划分而言，可分为五级十档，5 分为一档，10 分为一级。90 分以上为一级，即满意级，定性标准为：有健全的内控制度。59 分及以下为五级，即失控级，定性标准为：内部控制严重缺失。其他为关注级、可控级和薄弱级。具体参照附表 4 执行。

　　应该指出的是，表中设置分值应根据业务变化和控制重要性原则适时作出调整，确保内控等级、定性标准、定量档次及所得分值之间的恰当性（见附表 4）。

附表 4　内控等级划分

内控等级	定性标准	定量档次	定量标准
一级（满意级）	有健全的内部控制	一级一档	95 分以上
		一级二档	90 ~ 94 分
二级（关注级）	内部控制大体上健全	二级一档	85 ~ 89 分
		二级二档	80 ~ 84 分
三级（可控级）	建立了大部分内部控制	三级一档	75 ~ 79 分
		三级二档	70 ~ 74 分
四级（薄弱级）	缺乏重要的内部控制	四级一档	65 ~ 69 分
		四级二档	60 ~ 64 分
五级（失控级）	内部控制严重缺失	五级一档	55 ~ 59 分
		五级二档	54 分以下

四、内部控制评估应注意的问题

内部控制评估的实施与推动必须在观念上积极引入该理念，在实践中循序渐进，逐步完善。同时，还需注意以下几点：

（1）进一步修订完善规章制度，打牢内控评估基础。

（2）进一步强化制度意识，提高内控制度的执行力。

（3）进一步提高审计人员业务素质。

（4）开发软件，为内控评估提供技术支持。

内部控制评估是一个长期、动态的过程，不可一蹴而就，也不能一劳永逸，必须边建设、边应用、边改进，保障社会保险经办机构依法、正确有效履行职责。

附件4 其他三类标准业务流程图

第二类：待遇核定业务

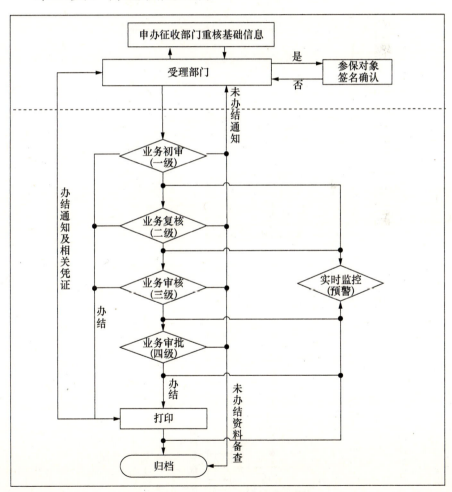

附图1 待遇核定业务办理流程

第三类：基金核算业务（图一）

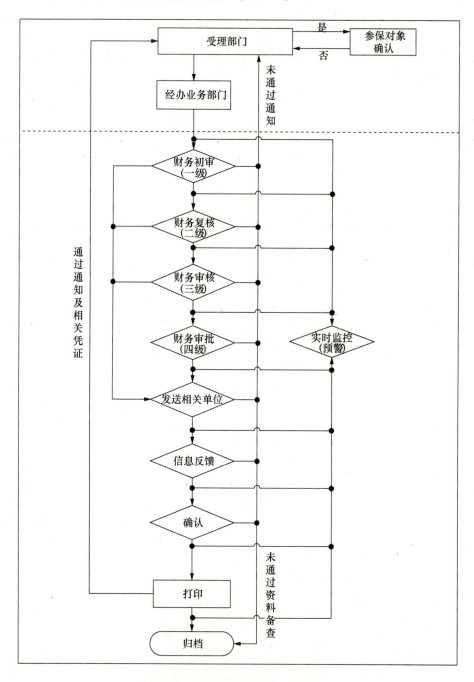

附图 2　基金核算业务流程（提供）

第三类：基金核算业务（图二）

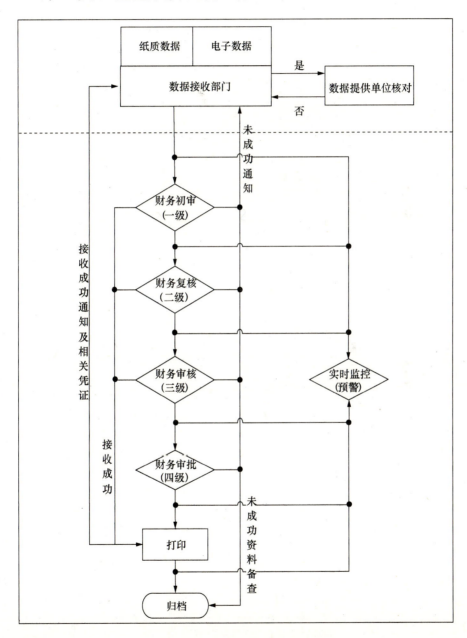

附图 3　基金核算业务流程（接收）

第四类：信息技术业务（图一）

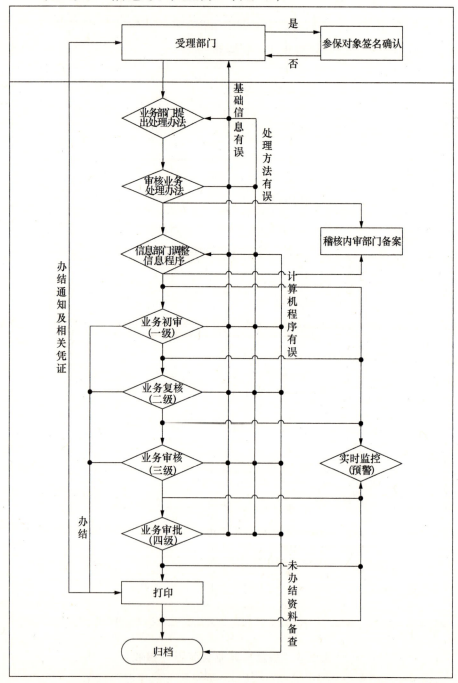

附图 4　信息技术业务流程（非受理前台处理业务）

第四类：信息技术业务（图二）

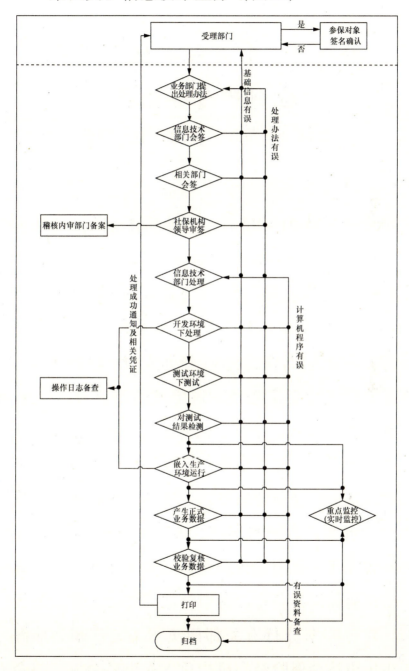

附图5　信息技术业务流程（后台批量处理及计算机程序维护业务）

附件5　中欧社会保险内部
控制研讨会纪要
（根据录音整理，未经当事人审核）

2009年8月21~22日，劳动和社会保障部社会保险事业管理中心（以下简称"部社保中心"）和中国、欧盟社会保障合作项目办公室（以下简称"中欧社保合作项目办"）在广州联合举办了"中欧社会保险内控研讨会"。本次研讨会目的是探讨社会保险经办风险的防控问题，对广东省提出的《社会保险经办风险评估及应对》（基本思路）课题理清思路。部中心副主任、中欧社会保险合作项目办主任戴广义、部中心稽核处处长周红、中欧社会保险合作项目基金管理专家格里森、清华大学杨燕绥教授、中山大学宋世斌副教授和北京、天津、吉林、上海、湖南、广东6省（市）的社会保险经办机构内控负责人，省财政厅、省机构编制办公室、省审计厅、省社科院、工行广东分行、建行广东分行有关部门负责人，广州、珠海、东莞、中山市社会保险经办机构负责人出席会议。与会人员紧紧围绕风险防控的主题，注重宏观与微观、理论与实践相结合，就社会保险经办风险的定义、寻找社会保险经办风险点的方法、风险等级的评估及对经办风险进行控制等方面问题提出了许多宝贵的意见，现将有关情况纪要如下（按发言顺序）：

广东省社会保险基金管理局局长林白桦致欢迎辞并介绍我省对社会保险基金安全防范的情况。她说："广东省省委、省政府、相关职能部门及各级社会保险经办机构对社会保险基金安全防范问题十分重视，从机构、编制、经费等方面给予社会保险内控部门以保障。通过审计部门审计、各级社会保险经办机构加强内控管理，社会保险风险防范取得了一定成效。但随着社会保险经办事业规模的扩大，基金风险必然随之增长。特别是近几年发生了大量骗保欺诈事件，骗保形式已与早几年大不一样，技术作案、数据作案、内外勾结作案复杂多样。广东省各地社会保险经办机构在社会保险风险防范方面取得成绩的同时也存在一些问题，这些都迫切需要我们提出新的应对措施来保障社会保险基金安全完整。党的十七大'加快建立覆盖城乡居民社会保障体系'目标的提出，为我们对社会保险经办风险的防控提出了更高的要求。我们只有尽快构筑牢固的风险管理防线，才能将潜在的经办风险控制到最小化。正是基于对社会保险风险防范的必要性及我省在社会保险风险防范方面的认识不足，我们提出了此课题的研究，希望各位领导、专家、同行提出建议，以提升我们风险防范的理论水平，寻找出高效的社会保险风险防控方法，并争取尽快将成果转换，运用到风险防控实践工作中去。"

陈廷银（广东省社会保险局副局长）详细介绍了开展社会保险经办风险防范的基本思路。首先从必要性及可能性两方面介绍了进行社会保险经办风险防范研究的目的。其次从四个方面介绍了课题的基本思路：一是关于社会保险经办风险的定义问题。对本课题讨论的内容及社会保险经办风险定义进行界定。二是关于寻找风险点的方法问题。指出了传统上从经办流程入手寻找风险点的缺点及从数据项入手寻找风险点的优点。三是关于社会保险经办风险评估标准问题。提出了以数学模型为基础，结合社会保险业务经办实际情况，从静态评估及动态评估两方面设置量化指标，制定出较为客观的社会保险经办风险等级评估标准的基本思路。四是关于对风险点采取应对措施问题。提出了通过"标准业务经办流程"控制经办风险点的基本思路及理由。

杨燕绥（清华大学教授）对社会保险经办机构的内涵、风险及经办风险提出了明确的定义，论述了制定经办风险评估标准的必要性，赞同课题中提出的把社会保险风险的基点定位于数据的观点。指出内控风险的查找、管理、评级要围绕数据安全查找风险点，根据流程分类、可能定性、损害评级。社会保险经办机构在进行内控的同时要建立兼顾外部风险的风险防控体系。同时，杨教授在讲话中还阐述了社会保险经办机构作为服务型政府机构的内部与外部建设问题。

格雷森·克拉克（中欧社会保障项目基金管理专家）提出了风险的分类问题，指出内部控制在整个业务过程中应该扮演的角色以及内控部门、经办机构领导层在内控工作中的角色，提出风险等级的评估要从发生的可能性和发生时影响的程度两个因素考虑。建议在进行信息系统建设时，从一开始就要考虑内部控制。课题中应设定近期及远期所要达到的目标及对内控达到的程度的评估。还有，课题的研究也应考虑到全国各地的情况，以便下一步向全国推广研究成果。

宋世斌（中山大学副教授）从不同角度就社会保险经办风险的分类提出了意见，指出最好的风险防范方法是通过流程标准化。另外，风险防控必须全员参与，自控、互控、监控结合。从技术环节来讲，可以减少手工环节，授权管理等方法。宋教授还就风险点寻找、风险评估的步骤及风险定性与定量分析方法作了介绍。

苏滨（北京市社会保险中心副主任）建议，社会保险经办风险的定义中应提到基金的安全和完整问题，认为基金的风险不一定是损失，也可能是收益。同意寻找风险点从经办流程与数据项两方面入手的观点。认为风险的评估可设定近期与远期目标，近期先把马上见效的、静态的评估做出来，抓住重点，先抓出实效，再请专家一起做动态的、具有风险模糊性的评估模型。并提出做内控工作时要处理好安全与效率、内控工作与经办整体工作及内控部门的定位问题。

　　张骁（上海市社会保险中心稽查中心主任）认为，研讨会对规范全国内控管理意义重大，课题中提到风险等级及人员配比的概念，非常好。他提出了四方面的建议：一是风险定义问题，认为应从内控管理的角度提出比较好。二是提出了内控的定位问题，认为应建立一个独立于业务体系以外的监督体系。内控工作应该是一把手工程，应该树立全员内控的意识，应该是在全系统查找风险点，而不是由内控部门单独完成。三是关于风险分类和评估问题，应明确谁来评估。另外风险的等级确认，应该是动态进行确认。四是应对措施问题，应建立系统应对机制。张主任也赞成课题的目标之一是广东省制定的经办风险评估标准应逐步完善为国家标准。但由于等级、评价方式按现有经办模式来说，衡量标准受地域、环境影响，所以评估标准宜粗不宜细。

　　周维国（天津市社会保险中心副主任）认为，广东省提出此课题的基本思路，反映了广东省不愧为改革开放及社会保险发展的前沿，社会保险经办风险管理走在了前列。他提出了四个建议：一是课题的题目可提升到风险管理的定位，只是讲风险的评估及应对，立足点不够高。二是认为经办风险的定义还是要围绕基金来定位。三是关于等级分类，提出将风险评估过程中对风险可能性和可能造成损失的大小分别进行评价，将风险事件发生的可能性划分为五个档次，即极可能、很可能、可能、不大可能和罕见。损失大小分别确定为高、中、低。分别设立数值，分别评定，量化打分。同时认为进行数据建模是比较好的。四是风险分类中，可将外部欺诈风险和剩余风险列入，另外可将政策风险归类于操作风险。

钱玉龙（吉林省社会保险局稽核处处长）认为，广东省做此课题抓住了关键，做得很好。内控是全员、全过程的工作，应该从经办流程来分析，科学设置组织机构和岗位，合理的分工和授权，形成自控、互控和监控的经办体系和内控体系。他对课题提出了六点建议：一是关于定义的问题，定义窄了一点，准确度也不是很高。数据一词应改为信息。二是关于风险等级确定的问题。应将风险的可接受程度也一并考虑，即一旦风险出现，是否可以接受，接受的程度如何。三是关于风险评估的方法，应从流程入手，但可以和数据信息结合。四是关于控制措施，控制的应该是经办操作而不是数据。控制好经办操作，数据就应该是正确的。宏观上有两种方法来降低风险,包括通过控制方法来降低风险及通过改变流程来降低风险。建议把外部风险的分析防范也加到风险管理里面。五是关于评估风险和控制风险时应考虑五险合一与五险分开的不同情况。六是关于国标的问题,由于各省经办模式不一样,所以标准最好有具体的标注、注解,这样会更加具有指导意义。

陈范勋(湖南省社会保险管理服务局局长)认为,广东省社会保险局的这个课题,抓住了当前基础工作一个重要环节,课题对社会保险经办风险提出了一个管理型的标准和思路。他通过总结湖南省近几年内控工作发展经验,认为内控工作一要重视基础工作,特别是信息系统的建设,要把内控工作引入到信息系统中来完成;二要重视档案管理工作,开展档案影像化工作;三要加强与相关政府部门、公共服务机构的联系与沟通,开展业务数据的相互借鉴和比对的研究;四要制定经办系统内控检查评估的标准及开发相应的系统;五要进行信息数据的审核清理。同时,陈局长对课题还提出了具体建议:一是重点优先开展静止状态的评估,评出风险等级。二是对风险等级倾向于评为三个等级,即预警、控制和整改三级。从危害程度及发生的频率两个方面来考虑如何评定风险的等级。三是重点优先从流程着手进行寻找和控制风险的研究。

陈文晔(建设银行广东省分行会计部副总经理)结合

银行的做法，提出了社会保险经办风险的定义及分类，主张查找风险点时应以数据项和业务经办流程为基础结合起来。并向我们介绍了银行识别及评估操作风险的方法及具体步骤、风险内控机制，为我们课题中对社会保险经办风险的识别及评估提供了很好的借鉴作用。同时，对课题中从标准流程入手控制经办风险也提出了很好的建议。

奚声徐（工商银行广东省分行机构业务部副总经理）介绍了工商银行操作风险的管理框架，包括操作风险的定义、类型、架构。操作风险的管理内容，包括操作风险识别流程、识别的主要依据、识别的工具、操作风险分析与管理等。并对如何从数据项入手查找经办风险以及如何评估经办风险、防范经办风险提出了很好的建议。

邢益海（广东省社会科学研究院副研究员）就课题题目及社会保险经办风险的定义提出了非常中肯的意见，就经办风险的分类提出了看法。对于风险等级的评估，认为应以数量分析方法为主，建立模型、给定分值、设定系数、影响因子。同时，设立风险等级评定委员会或小组，对于难以量化的问题，都应做专家评议。

周红（部社会保险中心稽核处处长）对会议作了总结发言。她高度评价了各位专家学者的意见及建议，认为这个会议虽然是一个小型的研讨会，但是它一方面说明开始关心起社会保险经办风险防范这个事情的人越来越多，另一方面，课题不是纯粹的课题，做课题的目的是要将成果应用于实践。因此可以说，我们做此课题意义重大。部社会保险中心领导对此课题非常重视，孟主任、徐主任、戴主任均有批示，要求部社会保险中心一是要积极参与，二是要争取省标变国标，也就是要在全国范围内制定出一套切实可行的风险防范的标准。同时，周处长对课题的下一步开展提出了四点意见：一是课题目标就是省标变国标，而且这个课题做完以后要有可操作性。二是课题目前以广东省为主，各位专家配合，部社会保险中心会动员地方和国内外的专家，齐心协力把这个事情做好。三是广东省要在课题基本思路的基础上做好规划，争取早日出成果。可遵循先易后难的原则，将一个方面的标准先制定出来，再逐步完善。四是部里一定不遗余力地对课题的研究给予支持。

戴广义（部社会保险中心副主任、中欧社会保险合作项目办主任）最后讲话。他认为，几位中外专家首先对风险进行了系统理论上的介绍，讲得非常细非常透彻。两位银行的代表给我们传授了经验，他们的许多意见和建议，值得我们考虑。这次研讨会研讨的内容既有业务层面的技术问题，也有操作层面的方法问题，应该说是深入、广泛、达到目的的。对风险控制问题，一是风险控制不仅包括内控，还包括外控，因此，风险控制应强调全员的风险防控。二是风险防控，首要的是要进一步规范优化我们的业务流程，在此基础上对内设的机构、岗位、职责做一些相应的调整、修补和完善。三是通过风险防控可以有效推动信息系统建设。所以说，防控是牵一发而动全身的事情，是我们经办机构内部管理的一场革命。戴主任同时强调，风险防控是非搞不可，但我们要统一组织、整合资源、突出重点、分工负责、分步实施。统一组织，就是由部里统一组织。有效地整合资源，就是在现有的各地研究基础上，实现成果的共享，而且要把这些成果集中在一起。不希望一个地方接一个地方都重新来，那样是对人力物力的巨大浪费，而且效果也不一定好。在制定风险评估标准时，要注意可操作性、客观性等。

附件6 2010年全国社会保险内部控制研讨会会议纪要

（根据录音整理，未经当事人审核）

2010年8月26～27日，人力资源和社会保障部社会保险中心（以下简称"部中心"）在内蒙古大兴安岭林区召开"全国社会保险内控研讨会"。部中心稽核处处长周红、副调研员诸旭，天津、山西、内蒙、吉林、黑龙江、上海、江苏、浙江、福建、河南、湖南、广东、重庆、云南、陕西、辽宁本溪 16 省（市、自治区）24 个社会保险经办机构（多数经办机构按险种分设）内控负责人和中山大学岭南学院宋世斌副教授出席。周红处长主持会议，主要议题是对广东省《社会保险经办风险评估及应对》（送审稿）进行评审。大会对《社会保险经办风险评估及应对》（送审稿）给予了高度评价，认为首开了社会保险风险防范的先河，填补了社会保险经办内控理论的空白，对社会保险风险防范工作有很强的指导作用。与会代表还对本课题内容、结构等提出了中肯的建议。现将有关情况纪要如下（按发言顺序）：

课题组负责人陈廷银（广东省社会保险局副局长）首先就课题的主线及撰写过程作了简要介绍。接着就课题涉及的关于社会保险经办风险的定义、寻找风险点的方法、风险评估标准制定，以及对风险点进行风险等级评估、经办风险的防范、设置标准流程、经办风险防范的保障措施等六个主要问题进行了简要说明，阐述了课题中解决此六类问题的依据、理由、不足及下一步打算。指出写作本课题主要存在四方面的难点：一是可供借鉴的材料不多。二是制定客观的评估标准有一定的难度。三是风险评估难以完全定量化分析。四是从数据项入手寻找风险点有一定的复杂性。最后，提出了开展国家级的社会保险经办风险防范专题研究的建议。

课题组精算负责人宋世斌（中山大学岭南学院副教授）对本课题中定量评估的有关问题进行了说明。

巢战友（云南省社会保险局稽核处处长）认为，在社会保险风险防范引起大家关注的时候，本课题显得尤为及时。课题中提出了从数据项入手寻找风险点、防范风险点的新思路，抓住了问题的本质，开拓了思路，为内控的信息化做好准备，此法有利于内控系统需求软件的编写。同时，他提出了两点建议：一是对经办风险的定义问题。社会保险经办机构存在的理由和依据是 1994 年的劳动法，其组织目标是依法支付社会保险各项待遇，内部控制的目标是保护基金的安全、完整。建议经办风险的定义从组织目标及内部控制目标方面进行论述。二是数据的分类问题。按数据的来源可将数据分为外部数据及内部数据。外部数据指课题中的基础数据、参数数据，内部数据指课题中的过程数据、结果数据。外部数据通过审核、复核、审批进行控制，内部数据通过信息技术进行控制。这样的分法便于确定风险等级及风险应对。

张和平（湖南省社会保险局纪检员）认为，本课题首开了社会保险风险防范的先河，是理论与实际相结合的典范，对社会保险风险防范工作有很强的指导作用。广东省对课题的撰写进行了精心组织、深入论证，课题对我省社会保险经办风险的防范也给予了很大的启发。同时，他也对课题提出了三点建议：一是社会保险经办风险定义窄了点，不是很准确。建议从信息准确、基金安全、档案完整、服务优质四方面对该概念进行定义。二是风险的防范方面。从流程、数据项两方面控制风险还不够，还有对信息系统的建议应加强，应通过开发全省信息系统的方法来加强对风险的控制。三是对经办风险应有全面、准确的防范办法。有些风险不是集中在管理方面，如经办人的道德风险。

苏锡宽（福建省医保中心主任）认为，本课题做好了，对社会保险经办风险的控制是一大贡献，对加强管理，少出差错有很大好处。建议：第一，操作风险的定义问题。是否要分为广义与狭义。对于审计部门来说，其关注的是社会保险部门对政策的执行是否正确。论文中的定义可参照社会保险法，应与社会保险法的内容吻合。第二，社会保险风险防范应重点抓好三个方面：一是复核，应让高度负责任的人做复核。二是信息管理，关键是抓外来数据。三是防范措施应便于操作，应注意岗位设置问题，实行不同岗位不同人制度。第三，建议出一个规范性文件，使课题内容能更好地应用于实践。

王明安（河南省社会保险中心副主任）认为，这是一个非常重要的课题，本课题对社会保险经办工作来说意义非常重大。他对课题的撰写提出了三点意见：一是社会保险经办机构的职责包括负责基金的征收、支付、保值增值，文中社会保险经办风险的定义过窄。二是要将本课题变成可应用的成果还有一个过程，建议按险种成立养老、医疗等各个风险防范工作小组，多小组研究，最后汇总，变成可操作性的东西。三是风险防范最重要的是信息化管理，应加强信息化管理方面的内容。

张永青（山西省企业养老保险管理服务中心副主任）认为，课题是社会保险内控方面的及时雨，广东省做了大量工作，选题合适。她建议：一是着重于信息化管理来防控经办风险。二是注意对参保信息变更，如年龄、参加工作时间等信息变更业务经办风险的控制。三是本课题理论性强，具体操作方面的内容较少，在操作性上可再作文章。

边瑞彪（山西省企业养老保险管理服务中心科长）认为，本课题填补了社会保险内控理论研究上的空白。他建议：一是从课题内容上来看，第二章应是课题的主要内容，但只有三节，是各章中节数最少的，建议对目录进行调整，增加第二章的节数。二是文中对风险发生频率评估表中概率参考值较小，需要的样品量较大，是否用抽样的方法进行测算。三是对于技术风险、政策风险不应回避，也应进行评估。四是文中应用的东西少了点，建议增加应用的内容，增加各数据项的风险等级表。

王建华（内蒙古社会保险局副局长）认为，课题非常实际，为社会保险风险防范开了好头。他建议将黑客入侵并入技术风险。

张缓（黑龙江省社会保险局稽核处处长）认为，本课题技术含量高、理论水平高。文中从经办流程入手寻找风险以及通过权限设置、稽核部门进行事中控制、在系统中设置预警提示等控制风险的方法与黑龙江省现有做法一致，实践证明是行之有效的。她建议：课题中可将风险评估、风险控制内容再直观化一点，使可操作性强一点。还有，从经办流程入手和从数据项入手寻找风险点，控制风险不能分割，而应紧密结合。

严娟（江苏省医疗保险中心副主任）认为，课题研究是社会保险风险防范理论上的创新，提高了管理水平和管理能力，对各地都有很大启发。她提出了三点建议：一是应从政策体系的构架、经办效能和管理绩效方面加强社会保险经办风险的研究、控制。二是风险的评估，应用现有的数据，建立数据模型。三是风险的控制应设置概率等指标，建立模型，并放入计算机自动设定、监控。

张骁（上海市社会保险中心稽查中心主任）认为，广东省在过去的一年里做了许多工作。针对有的与会人员提出课题只涉及养老保险，没提到其他险种的问题，他指出，课题以养老保险为例进行风险评估及应对的论述是对的，要在一个课题里涵盖各个险种难度太大，课题主要是起到引导作用，不要求面面俱到。本课题对上海市社会保险经办内控起到了借鉴作用。如文中《风险影响程度评估表》及《风险等级矩阵》两个有关风险等级的评估表对上海市下一步风险评估将起到借鉴作用。他建议，不要硬性定义社会保险经办风险。同时，对课题中的部分具体内容提出了修改意见。

叶利朝（陕西社会保障局副局长）认为，本课题意义重大，有四个特点：一是不容易。本文从定性到定量对经办风险进行评估，建立了风险评估体系，条理清楚，写出这样的课题相当不容易。二是内容深入。本文涉及养老保险风险防范的方方面面，从风险的寻找到风险的评估再到风险的应对，各方面都涉及。三是思路清晰。文中从经办风险的定义入手，以风险寻找、风险评估、风险应对为主线，思路非常清晰。四是可操作性强。文章介绍了风险寻找、风险评估及风险应对的方法，此课题有着很强的指导作用，主要是解决了"方法论"问题，各地可根据本地实际，按照此方法对各险种进行风险防范。同时，他建议社会保险经办风险的分类除按其性质分外，还可按照发生风险的部位分为：基金方面、数据方面、档案管理方面的风险。

　　周维国（天津市社会保险中心副主任）认为，本文不仅是理论课题，它可以说是社会保险经办风险防范的制度性成果，它填补了内部控制在理论方面的空白。他提出了两个建议：一是将课题成果在部分省市的社会保险经办实践中加以应用、测试，以进一步丰富、完善课题。二是将部社会保险中心正在组织的内控教材的编写工作与课题内容结合起来，吸收课题内容到教材中去。

　　朱新海（吉林省社会保险局副局长）认为，课题填补了社会保险内控和风险管理方面的空白。他提出了两个建议：一是由于课题内容基本上均以养老保险为例，因此，建议课题题目改为"社会保险经办风险评估及应对——以养老保险为例"。二是在对经办机构人员合理配置的人次比论述中，建议加入条件假设内容，如信息化程度等。

　　邹斌（浙江社会保险中心科长）认为，课题主要解决方法论问题，因此没必要也不可能每个险种内容均涉及，课题内容中也不可能按险种制定具体的操作方法。各险种具体的操作方法应另外制定。

　　周红（部社会保险中心稽核处处长）对会议进行了总结，她首先对课题进行总体评价：一是不容易。广东省从2008年陈局长跟我提起写作本课题的构想开始，历经一年多的时间，其间多处调研，召开中欧社会保险内控会议。在人力、物力、财力有限的情况下，开展研究，倾注了许多心血，体现了广东省的高度责任心。二是内容很深入。在去年提出基本思路稿的基础上，对各方面的内容进行了扩展、论述，整篇文章内容很深入。三是思路清晰。本文以养老保险为重点，围绕风险寻找、风险评估、风险应对的主线，思路非常清晰。四是具备一定的操作性。文中对风险寻找、风险评估、风险应对均详细介绍了方法，举了实例，具备一定的操作性。下一步工作打算，一是进一步加强内控管理，并将具体意见拟文下发各省。二是将广东省成果转化为全国运用，在广东省所写课题的基础上，按险种分为分课题，将广东省研究成果进一步细化。

附件7 关于课题有关情况的说明

本课题以广东省社会保险基金管理局和中山大学岭南学院合作的方式，聘请相关人员和部门为顾问完成。

一、课题的背景及目的

截至 2010 年底，我省参加基本养老保险、基本医疗保险、失业保险、工伤保险和生育保险五大险种的人数，分别达到 3215 万、3000 万、1650 万、2658 万和 2038 万人，基金结余（积累）分别为 2471.5 亿、717.2 亿、18.6 亿、127.1 亿和 30.7 亿元；我省的城镇居民医疗保险和农村养老保险的参保人数分别为 2043 万和 350 万人，基金结余（积累）分别为 22 亿和 41.3 亿元；各险种累计参保人次和累计基金结余（积累）分别为 14954 人次和 3428.4 亿元，多年来参保人数和基金结余（积累）位列全国之首。随着我省参保覆盖面的扩大及险种的延伸，参保人数及基金量会越来越多，社会保险经办业务将日趋复杂，社会保险经办的潜在风险会越来越大。作为省级社会保险经办机构，确保近 1.5 亿人次的参保者信息和数千亿元社会保险基金的"真实、准确、完整和安全"，不在社会保险经办环节出问题是十分紧迫和严峻的问题。

2007 年广东省社会保险基金管理局（以下简称广东省社保局）以贯彻原劳动和社会保障部《关于印发〈社会保险经办机构内部控制暂行办法〉的通知》（劳社部发 [2007] 2 号）为契机，一是迅速为省厅代拟《广东省社会保险经办机构内部控制实施细则》（粤劳社发 [2007] 12 号）并下发全省。二是向省编办申请将局内设机构"稽核部"更名为"稽核与内审部"，相应增加内控职能，当年获得批准。三是思考统一全省社会保险经办风险防范问题，并于 2008 年制定《广东省社会保险经办风险防范工作方案》，分步实施。首先以《社会保险经办风险评估及应对》为课题，解决经办风险防范的理论问题，再着手制定经办风险防范具体办法。2009 年初课题启动后，部社会保险中心《关于印发〈社会保险经办机构内部控制检查评估暂行办法〉的通知》（社会保险中心函［2009］32 号）下发。本课题面临着是否与 32 号文雷同和冲突的问题，课题组反复组织研究两个"评估"，认为：部社会保险中心的"评估"，是针对经办机构内控检查结果；而本课题的"评估"，是针对社会保险经办风险，对象和目的均不同。

本课题要达到的目的，就是力图从理论上厘清社会保险经办风险的定位和定义，找到较为科学的经办风险查找办法，制定统一的经办风险分类和评估标准，提出较为完善的经办风险应对措施。为此，广东省社保局向部社会保险中心稽核处作了专题报告，以求业务指导和帮助。

本课题从起步开始就得到了部社会保险中心和稽核处领导的高度重视和大力支持。孟昭喜主任在广东省社保局上报的《关于广东省社会保险经办风险防范工作的有关情况》的函件上批示："广东省的工作方案是积极的，是真抓实干。我们要支持，要加强指导，一起研究难点问题，为将省标变国标做好相关的准备。"徐延君副主任批示：

"对广东的工作，一要全程参与，做好指导，具备条件的，可将地方标准上升为国家标准。二要搞好服务，包括聘请专家，帮助协调有关方面开展工作。"稽核处周红处长不仅具体抓落实，帮助聘请专家，还亲自组织了对本课题的全国性的研讨和评审。部社会保险中心和业务处领导对课题的呵护，使课题组成员大受鼓舞，为课题圆满完成奠定了基础。

二、课题有关问题的说明

（一）关于风险的定位和定义

本课题的关键是研究范围的定位。

通过查找资料和网上搜索，社会保险经办风险存在以下现象：一是社会关注度高。一有风吹草动，只要沾上"社会保险"或"基金"二字，不管与经办机构有没有关系，社会上的焦点首先是社会保险经办机构（如上海陈良宇案）。二是社会保险行政机构的社会保险基金监督部门，其职能主要针对财政、银行、基金运营和社会保险经办机构等，对社会保险基金的运行、存储和营运方面的安全进行监管。对社会保险经办过程的其他风险没有顾及。三是所有风险防范的专著和防范措施都是金融机构方面的，社会保险经办方面的是空白。四是除广东省等极少数省（市）经办机构有专设内控部门外，大都是用稽核部门代替内控部门开展工作。有鉴于此，我们选择"社会保险经办风险"作为课题定位。

在研讨和调研时，业内部分人士建议，课题研究的范围定位应在"社会保险风险"或"社会保险基金风险"上。课题组认为，我们是以社会保险局名义开展课题研究的，除非授权，做这样的大课题与社会保险经办机构职能错位，已超越职责范围，何况 1995 年颁布的《劳动法》关于社会保险基金由社会保险经办机构负责征收、管理和营运的职能已经外移（如社会保险基金已存入财政专户、社会保险基金投资营运由全国社会保险基金理事会负责、50% 以上省、市、区已实行地税征收）。由此，课题定位在"经办范围"之外，不具操作性。

定位确定以后，课题组通过分析社会保险经办业务的过程和内容，发现都与数据有关：参保人涉及的所有信息的记录，以及各险种基金的收支，在社会保险经办机构的业务系统里，均体现为数据（数值或可变字符）形态，而这些数据都必须经过社会保险经办操作（人为或自动运算），数据失去"真实、准确、完整、安全"性，就是发生风险所致，风险点就存在于经办的业务环节中。课题组按照风险产生的原因，对社会保险经办风险进行了分类，参考国际、国内金融系统的风险理论，提出了社会保险经办风险的定义。

（二）关于寻找风险点的方法

本课题的核心是怎样查找风险。

课题组根据调研和查找资料，发现各地寻找经办风险点普遍从业务流程入手，通过绘制具体的业务流程图，再在工作经验积累的基础上，分析每一业务环节可能存在的风险，提出具体的控制类型及措施。

此种方法（以下称传统方法）有简单、易找、风险点明确的优点，但是也存在先天不足。表现在：一是难以找全、找准风险点。由于社会保险业务趋于细致，经办流程也趋于复杂，单纯从业务流程找风险点，难以发现各数据之间的关联性。二是难以统一风险评估标准和防范措施。是因为各险种发展参差不齐、统筹层次较低、业务规程难统一、防控措施无法切中要害。

通过分析研究，从数据项入手查找（以下简称"数据查找"）风险点，可以避免传统方法的不足。即以国家公布的数据项为基础，描述数据本义，找出各数据项的关联度，从中找到影响数据安全的风险点。采取数据查找方法有以下的优点：

1. 权威性高、针对性强、条件具备。国家级的各险种的统一标准信息数据，是我们共同的规范，使用此数据具有权威性，寻找风险点更有针对性。原劳动保障部已公布了全国统一的 180 项养老保险联网信息数据，失业保险、工伤保险和生育保险的联网信息数据也已陆续公布，医疗保险联网信息数据正在拟定之中，使用条件已经具备。

2. 利于找全、找准风险点。数据是社会保险业务经办的核心，各数据之间有较强的关联及逻辑关系，贯穿于社会保险业务经办的全过程，业务经办风险表现出来就是数据风险。

3. 便于开发内控或预警系统。内控或预警系统的开发必须以各数据项的关联性及逻辑关系为基础，通过数据项寻找风险点，理清各数据项之间的关联及逻辑关系，是内控或预警系统开发前必要的准备工作。

（三）关于经办风险评估标准

本课题的难点是如何评估经办风险。

发生了经办风险，会产生什么影响，影响程度有多大，按什么标准确定经办风险等级？从方法上看，大众化的是"定性"评估，精细化的是"定量"评估。

从调研情况看，各地还没有"定量"评估办法出台，但大部分都有程度不同的"定性"评估办法。目前的"定性"评估，通常都是通过业务熟手，基于该风险点对基金产生的影响、是否容易出错、出错后是否可修复等原则进行等级评估。主要是靠"经验"和"案例"判断，由此，缺少客观依据且随意性较大。课题组认为，任何风险评估没有"定量"的方法，评估结果缺乏说服力。所以开始设想完全通过"定量"方法统一标准。随着课题深入，发现当前不是所有的风险都能量化（如经办差错引起的"政治风险"和"社会风险"程度等）。经过反复研讨，最后确定一条原则：社会保险经办风险评估能够"定量"的，不用"定性"方法；无法"定量"的，使用"定性"方法。作为课题，纯粹的"定性"评估（专家判别法）、完全"定量"评估（损失分布法）的方法、"定性"与"定量"相结合的方法都作了详细的介绍。

根据各自的特点，本章节采取分工撰写：广东省社会保险局负责"定性"评估标准。将兄弟省（市）的方法进行梳理、归纳，利用社会保险经办实践中的经验，充分发挥操作专长，将"定性"评估进行升华，形成标准；中山大学岭南学院负责"定量"评估标准。充分发挥"风险管理与保险学系"的专业优势，在一定的社会保险数据支撑下，利用精算方法通过数学模型，将评估标准进行量化。

评估标准的制定，主要参考国内外企业、金融系统风险评估相关方法，结合社会保险经办的实际情况把风险分类。制定分类（因素）评估标准：如风险发生的"频率"

和造成危害的"程度"的参考标准、静态评估和动态评估标准等；再将因素值相加，代入经办风险评估等级表即可。为了便于理解，浅显易懂，便于操作，课题还通过举例说明具体使用办法。

（四）关于经办风险的应对措施

本课题的落脚点是对经办风险如何进行控制（事前、事中和事后）。

课题组收集到的全国各地的控制方法，都是针对现行业务流程的具体环节进行的（以下简称"传统控制方法"）。这种方法的优点是简洁、易操作，但也有严重的缺陷，就是控制滞后。虽然发达地区部分业务做到了适时监控（事中控制），也是基于现行业务流程的，而现行业务流程基本上都是滞后的。这是因为：一是改革当前，各地新政时有出台操作流程要不断地增添或更改。二是各险种统筹层次都还没有达到最高，政策不能统一，业务操作流程也不可能统一。三是像北京、天津、上海操作流程统一了，仍受第一点困扰，全国统筹还需等待。因此，经办风险控制只能在"事后"被动地进行。课题组认为，根据经办操作的性质，找出社会保险经办的基本类型（本课题梳理为4类5种），然后将这几类工作流程优化，建立"标准业务经办流程"模板。不论何种政策出台都可找到相应的模板。这样，经办操作流程的标准化和前置，使经办风险点可查、可控。这是因为：

1. 4 类 5 种"标准流程"模板几乎概括了所有的经办业务。只要控制好"标准流程"模板相关数据项的风险，就可以控制好所有的经办风险。

2. "标准流程"能使控制措施更具有针对性和有效性。由于现有操作流程可能根据工作的需要产生变动，传统方法的控制措施也跟着变动，缺少稳定性。通过控制"标准流程"上数据项的风险，不但具有针对性和有效性，还更具稳定性。

总之，对"事前、事中、事后"的控制要达到以下目的："事前控制"，通过制定严格、可控、优化的标准操作流程，把好风险控制的第一道关；"事中控制"，通过信息系统，随时监控业务经办的运行情况，发现异动或出错，随时处理或终止风险的蔓延；"事后控制"，对不易量化或有针对性的目标进行抽查。

建立风险评估对社会保险决策的反馈机制，可以促进决策机构对社会保险政策的修正；建立风险控制的自我修正机制，可以不断提高风险控制水平，课题组认为这些都是风险应对的范畴。

（五）关于经办风险防范的保障措施

长期以来，谈起社会保险经办风险的防范，绝少提及如何从组织上、编制上、经费上和技术上对社会保险经办机构给予有效的保障，以确保该机构能承担相应的社会保险业务。分析全国和我省的案例，除了当事人的主观原因之外，对经办机构的保障不到位或缺失也是诱发经办风险的潜在因素之一。

对于上述保障措施，本课题的基本思路是：社会保险经办机构的内设机构要高效、精简。凡能利用社会资源购买服务的，不必增设内设机构；社会保险经办机构工作人员编制、工作和技术保障经费，与参保对象（人数）挂钩。工作人员参照机关公务员管理。

1. 人员保障。这个问题一直困扰社会保险经办机构的良性发展，在这方面似乎有这样的思维定式：不管社会保险经办机构工作人员是否参照公务员管理，其人员编制几乎都按机关办法管理，造成参保人数飞速增长，但经办人员数量增速缓慢的现象，不仅加大了经办风险的概率，同时也降低了经办服务的质量。对经办人员编制，课题提出与参保人数挂钩的思路，并给出了配比公式。

2. 经费保障。现行社会保险经办机构的工作经费，一般都采取按当地事业单位的平均数拨给，也是上述思维定式的延伸。课题提出除工资、薪金参照公务员以外，工作经费应与人员编制一样，也要同参保人数挂钩，还要考虑购买社会服务费用的思路。

　　3. 技术保障。随着社会保险业务的扩大和内控力度的加大，经办风险控制越来越依赖信息系统。由于经济发展极不平衡，至今还有县级社会保险经办机构仍在手工操作，给社会保险经办工作和风险控制带来了极大的困难。从当前全省情况看，随着社会保险的深层次的发展，技术保障应列其他保障之首。但由于"财政分灶吃饭"的体制，短时间内还难以解决。于是课题组提出了在全省社会保险机构没实行垂直管理的情况下，优先统一全省业务经办信息系统，以配合信息系统建设跟上时代步伐、使风险防范先期介入的思路。

三、完成本课题的难点

（一）可供借鉴的材料不多

　　当前风险控制的理论和政策文献有两个特点：在社会层面、金融方面有，社会保险方面无；在社会保险系统内，稽核方面多、内控方面少。社会保险经办机构内部控制以劳社部发［2007］2 号文为标志，2007 年才正式提起。因此，有关社会保险经办机构内部控制方面的文章数量少、涉及面不广、理论层次大多属于探讨性质。离我们

"较近"的金融行业，也只搜寻到《巴塞尔协议》、《企业风险管理——整合框架》、中国农业银行的《内部控制全书》和中国建设银行的《风险管理基础平台工程》等9本书供参考。

（二）制定评估标准的难度较大

为使风险评估结果客观化，评估标准应尽量使用量化指标，少用定性的语言描述。但完全实现量化有一定的难度。如基金损失的金额大小，对不同地区的经办机构同一性质的违规操作所造成的基金损失差异悬殊，很难以绝对的基金损失额来评价经办风险大小。

（三）数据量不足影响评估标准

由于社会保险经过了一段从无到有、从小到大、从手工到自动的发展阶段，至今还有一部分县级社会保险经办机构还在手工操作，大量的历史数据还未完全录入社会保险信息系统。就本课题而言，提供给"定量评估"的信息还不能完全保证样本需求。所以，"定量评估"的标准值也需要在实践中验证。这也说明，在社会保险经办机构建设过程中优先发展信息系统的重要性和迫切性。

（四）数据查找法有一定的难度

本课题提出了从数据项入手寻找风险点的方法。从理论上看，此方法与从经办流程入手寻找风险点的传统互相补充，易于找齐、找准风险点。但由于数据项数量众多，各数据项之间的关系错综复杂，采用此法寻找风险点有一定的难度。

后　记

　　本课题从 2008 年底开始酝酿到 2010 年底定稿，耗时两年时间，虽有课题组的执著追求和艰苦劳动，但更重要的是人力资源和社会保障部社会保险事业管理中心（以下简称"部社保中心"）的鼎力相助，全国部分社会保险经办机构同行和广东省相关部门以及广东省社保局各部门的集思广益。本课题的最终成果是集体智慧的结晶。

　　课题从起步就得到部社会保险中心和稽核部门及中欧合作项目办有关领导、专家的大力支持。孟昭喜主任、徐延君副主任对课题工作方案均作了重要批示。稽核处周红处长具体抓督导，并亲自组织了对本课题国家级的研讨和评审。

　　部社会保险中心副主任、中欧社会保险合作项目办副主任戴广义、中欧社会保险合作项目办基金管理专家格雷森·克拉克，清华大学杨燕绥教授和北京、天津、吉林、上海、湖南等省市的社会保险稽核内控负责人以及广东省政府的财政、编办、审计部门，省社科院、工行广东分行、建行广东分行，广东省部分地级以上市社会保险经办机构内控负责人，出席"中欧社会保险内部控制研讨会"，一起为本课题（基本思路稿）把脉，明确了课题组的写作思路。

天津、山西、内蒙古、吉林、黑龙江、上海、江苏、浙江、福建、河南、湖南、重庆、云南、陕西、辽宁本溪市等省市的23个社会保险经办机构（不同险种）的内控负责人，参加"全国社会保险内部控制研讨会"对本课题（送审稿）进行评审，使课题最终定稿。

广东省社保局林白桦局长对本课题给予了高度重视和支持，张端城助理巡视员，陈贞辉、陈少霖副局长对课题稿都提出了具体意见。局调研员戴由武、姚苏丽、丁三宝，省社会保险学会秘书长韩德平，省医保研究会秘书长郑吉民，局团支部"社会保险沙龙"的成员们，在课题组组织的专题讨论会上都发表了很多有益的意见和建议。局稽核内审部的其他工作人员始终参与了课题撰写各阶段出稿前的讨论，课题组提交给各种专题会议的讨论文本，都是该部的集体成果。

广州市社会保险基金管理中心、东莞市社会保险基金管理中心、广东省工商银行、广东省建设银行，为课题调研及参考资料的收集提供了有力的帮助。

广东省社科院邢益海博士除对课题内容提出建议外，

还对课题文字润色，使课题增色不少。

　　谨代表课题组对上述单位和个人一并表示衷心感谢。

　　十分感谢宋世斌教授对课题的贡献，经办风险评估如缺少量化标准，本课题的学术价值会大打折扣。

　　特别感谢徐延君副主任和周红处长，没有他们的重视和组织全国范围的研讨会，本课题难有现在的广度和深度。

　　在课题未定稿期间，适逢部社保中心组织《社会保险内控教材》，分配我局承担其中"社会保险风险评估"一章，于是我们结合"中欧社会保险内部控制研讨会"和北京、太原《社会保险内控教材》专题会议的建议，按教材的要求完成了《社会保险内控教材》用稿。然后在此基础上继续深化，按课题的要求最终完稿，特此说明。

　　由于本课题涉及领域较新，到目前为止，还没有查到相关专著的文献资料，因此，本课题的研究方向、观点和方法，还很不成熟，旨在"抛砖引玉"。如能引起同行、专家和学者们的兴趣，推动我国对"社会保险经办风险的评估和应对"的深入研究，促进相应法规早日出台，将是本课题的最大幸事。

陈廷银

2011 年 3 月

图书在版编目（CIP）数据

社会保险经办风险评估及应对/广东省社会保险基金
管理局课题组．—北京：经济管理出版社，2011.3
ISBN 978 - 7 - 5096 - 1336 - 8

Ⅰ．①社…　Ⅱ．①广…　Ⅲ．①社会保险—研究—中
国　Ⅳ．①F426.61

中国版本图书馆 CIP 数据核字（2011）第 042394 号

出版发行：经济管理出版社
北京市海淀区北蜂窝 8 号中雅大厦 11 层
电话：（010）51915602　邮编：100038
印刷：三河市海波印务有限公司　经销：新华书店

组稿编辑：王光艳　责任编辑：王光艳　叶蓝天
责任印制：杨国强　责任校对：超　凡

720mm × 1000mm/16　8 印张　70 千字
2011 年 10 月第 1 版　2011 年 10 月第 1 次印刷
定价：38.00 元
书号：ISBN 978 - 7 - 5096 - 1336 - 8

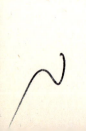